AF461838

MÉTHODE ÉLÉMENTAIRE
DE
MUSIQUE VOCALE.

PREMIÈRE PARTIE.

1° ÉTUDE DE L'INTONATION.

2° ÉTUDE DE LA MESURE.

La musique se compose de deux choses, qui sont :

1° Les SONS, ou l'INTONATION ;

2° La DURÉE des sons, ou la MESURE.

Il faut des SIGNES pour écrire les idées D'INTONATION.

Il faut aussi des SIGNES pour écrire les idées DE MESURE.

Les signes que l'on emploie pour représenter les idées d'intonation et les idées de mesure constituent l'ÉCRITURE MUSICALE.

Afin de rendre l'étude plus facile,

1° Nous étudierons d'abord séparément l'intonation et la mesure, parce que l'esprit ne peut vaincre facilement qu'une difficulté à la fois.

2° Nous emploierons, MOMENTANÉMENT, pour exprimer les idées d'intonation et les idées de mesure, des signes beaucoup plus simples que ceux de l'écriture musicale ordinaire.

ÉTUDE DE L'INTONATION.

Pour rendre plus facile l'étude de l'intonation, nous substituons, MOMENTANÉMENT, les chiffres aux points noirs que l'on écrit ordinairement sur les cinq lignes de la portée musicale.

Nous représentons les sept mots UT, RÉ, MI, FA, SOL, LA, SI, par les sept premiers chiffres, ainsi qu'il suit : 1, 2, 3, 4, 5, 6, 7.

L'étendue des voix humaines, de la plus grave à la plus aiguë, comprenant à peu près trois séries de sept notes, un point nous servira, dans l'écriture en chiffres, à distinguer entre des caractères de même forme ceux qui appartiennent à chaque série.

EXEMPLE :

PREMIÈRE SÉRIE.	DEUXIÈME SÉRIE.	TROISIÈME SÉRIE.
UT RÉ MI FA SOL LA SI	UT RÉ MI FA SOL LA SI	UT RÉ MI FA SOL LA SI
1 2 3 4 5 6 7 (point au-dessous)	1 2 3 4 5 6 7	1 2 3 4 5 6 7 (point au-dessus)
Sons GRAVES ou BAS; un POINT AU-DESSOUS.	Sons du MILIEU ou MEDIUM; SANS POINT.	Sons AIGUS ou ÉLEVÉS; un POINT AU-DESSUS.

Nos études d'intonation se divisent en trois classes :

1re Classe : Étude de la gamme d'*ut*, *mode majeur*.
2e Classe : Étude de la gamme de *la*, *mode mineur*.
3e Classe : Étude des *modulations*.

COMMENT IL FAUT ÉTUDIER LES EXERCICES DE LA PREMIÈRE SÉRIE.
(Voir page 36, première série d'exercices).

Les *exercices d'intonation* sont tous *disposés en colonnes*. Chacune des colonnes est surmontée d'une flèche et doit être étudiée d'abord isolément, ligne par ligne. Une colonne ne doit être quittée que lorsque l'on s'en est rendu parfaitement maître.

VOICI COMMENT DOIT SE FAIRE L'ÉTUDE DE CHACUNE DES COLONNES.

1° Il faut étudier d'abord la 1re ligne de la colonne lentement, et en s'écoutant chanter avec le plus grand soin, jusqu'à ce que l'on s'en soit rendu maître.

Il est impossible d'indiquer, au juste, quel est le nombre de répétitions nécessaires; ce doit être de deux à dix, selon l'organisation plus ou moins heureuse de la personne qui étudie; mais on doit, pendant ces répétitions, s'écouter chanter avec le plus grand soin; car on peut, en prenant l'habitude de s'écouter chanter, diminuer de beaucoup le nombre des répétitions nécessaires.

2° Il faut ensuite étudier successivement chacune des autres lignes de la colonne, en s'écoutant toujours avec le plus grand soin, et en pensant continuellement à la première ligne de la colonne.

3° Il faut, avant d'émettre un son, penser au son que l'on veut émettre, et ne l'exprimer que lorsque l'on sent qu'on le chantera juste. Ceci sera facile si l'on pense continuellement à la première ligne de la colonne que l'on étudie.

4° Il faut s'arrêter plus longtemps sur toutes les notes qui sont suivies d'un espace blanc. Ce temps d'arrêt est destiné à chercher l'intonation de la note qui suit.

5° Il faut porter une attention particulière aux passages dont les notes se trouvent entre deux virgules. Il est très-important de se rendre maître de ces passages.

6° *Lorsque plusieurs colonnes sont réunies sous la même flèche*, il faut, après avoir étudié isolément chacune des colonnes en particulier, lire à la suite l'une de l'autre la première ligne de chacune des colonnes, puis la deuxième, et ainsi de suite jusqu'au bas des colonnes réunies sous la même flèche.

C'est de cette manière que l'on doit repasser les exercices, lorsque l'on s'est rendu maître de chacune des colonnes en particulier.

COMMENT DOIT SE FAIRE L'ÉTUDE DE CHAQUE JOUR.

1° Il faut commencer l'étude de chaque jour par répéter lentement, et avec attention, c'est-à-dire en s'écoutant avec le plus grand soin, tous ceux des exercices que l'on sait déjà.

2° Il faut ensuite continuer, de la manière indiquée ci-dessus, l'étude des exercices que l'on ne sait pas encore.

COMMENT ET QUAND IL FAUT ÉTUDIER LES EXERCICES DE LA DEUXIÈME SÉRIE.

(Voir page 39, deuxième série.)

Les exercices de la deuxième série doivent être étudiés de la même manière que ceux de la première, et conjointement avec eux, chaque jour,

de la manière suivante :

1° La première moitié de l'étude de chaque jour doit être consacrée aux exercices de la première série.

2° La deuxième moitié de l'étude de chaque jour doit être consacrée aux exercices de la deuxième série.

COMMENT ON DOIT ÉTUDIER CHACUNE DES AUTRES SÉRIES D'EXERCICES.

Chacune des autres séries d'exercices doit être étudiée de la même manière que les deux premières; mais une à une et non pas deux à deux.

Il faut avoir soin de ne quitter une série d'exercices que lorsqu'elle est parfaitement sue.

AVIS TRÈS-IMPORTANT : Aucun des exercices d'intonation ne sera difficile si l'on a étudié convenablement ceux qui le précèdent.

Si donc, dans le cours de l'étude, on se trouve arrêté par une difficulté insurmontable d'intonation, il faudra recommencer les exercices avec plus de soin, jusqu'à ce que, arrivé au passage auquel on se sera arrêté, on le franchisse sans difficulté.

Il est très important de se bien pénétrer des instructions que nous venons de donner; car *le fruit que l'on doit recueillir de l'étude dépend de la manière dont elle est faite.*

PREMIÈRE CLASSE.

Étude de la gamme au mode majeur, en douze séries d'exercices.

PREMIÈRE SÉRIE D'EXERCICES.

Étude des notes { ut, ré, mi, fa, sol.
1 2 3 4 5

Les éléments de l'intonation se trouvent dans un petit nombre d'airs populaires. Par exemple : les cinq premières notes de l'air de la *Pipe de tabac* sont :
{ ut ré mi fa sol
1 2 3 4 5 }

On peut donc, au moyen de l'air de la *Pipe de tabac*, apprendre les cinq notes { ut ré mi fa sol
1 2 3 4 5 } Lorsque, après les avoir répétées plusieurs fois, on les saura bien, on pourra passer aux exercices ci-dessous :

N° 1.

1re COLONNE.	2e COLONNE.	3e COLONNE.	4e COLONNE.	5e COLONNE.
,12345,	,1 2 3 4 5,	,12 3 4 5,	,12 345,	,123 45,
12345 1	11 22 33 44 55 1	12 23 34 45 51	12 ,2345, 1	123 ,345, 1
1234 1	11 22 33 44 1	12 23 34 4 1	12 ,234, 1	123 ,34, 1
123 1	11 22 33 1	12 23 3 1	12 ,23, 1	123 3 1
12 1	11 22 1	12 2 1	12 ,2 1	12 1
12345 151	11 22 33 44 55 151	12 23 34 45 51 51	12 ,23451, 51	123 ,345, 151,

Étude des notes { SOL FA MI RÉ UT / 5 4 3 2 1 }

Les quatre premières notes de l'air *Lorsque dans une tour obscure* sont { sol fa mi ré / 5 4 3 2 } on y ajoutera facilement { ut / 1 }

On peut donc, au moyen de l'air *Lorsque dans une tour obscure,* apprendre les cinq notes { sol fa mi ré ut / 5 4 3 2 1 } Lorsque, après les avoir répétées plusieurs fois, on les saura bien, on pourra passer aux exercices ci-dessous :

N° 2.

,54321,	,5 4 3 2 1,	,54 3 2 1,	,54 321,	,543 21,
54321 5	55 44 33 22 11 5	54 43 32 21 15	54 ,4321, 5	543 ,321, 5
5432 5	55 44 33 22 5	54 43 32 2 5	54 ,432, 5	543 ,32, 5
543 5	55 44 33 5	54 43 3 5	54 ,43, 5	543 3 5
54. 5	55 44 5	54 4 5	54 4 5	54 5
54321 ,51,	55 44 33 22 11 ,551,	54 43 32 21 ,1551,	54 ,4321, 551	,543, 321 ,51,

N° 3.

1 2 3 4 5	5 4 3 2 1	5 4 3 2 1	1 2 3 4 5	151
11 22 33 44 55	55 44 33 22 11	55 44 33 22 11	11 22 33 44 55	151
12 23 34 45	5 4 43 32 21	5 4 43 32 21	12 23 34 45	151
12 ,2 3 4 5,	5 4 ,4 3 2 1,	54 ,4 3 2 1,	12 ,2 3 4 5,	151
1 2 3 ,345,	5 4 3 ,3 2 1,	54 3 ,3 2 1,	1 2 3 ,3 4 5,	151

N° 4.

12345 54321	54321 12345	123454321	543212345
12345 4321	54321 2345	1234 321	5432 345
1234 4321	5432 2345	123 21	543 45
1234 321	5432 345	12 1	54 5
123 321	543 345	123 21	543 45
123 21	543 45	1234 321	5432 345
12 1	54 5	123454321 51	5432123453151
12345 54321 51	54321 12345 151		

N° 5.

123 345	543 321	135 531	531 135	13 31 35	53 35 31
123 345	543 321	135 31	531 35	13 31 5	53 35 1
,13, ,35,	,53, ,31,	13 31	53 35	13 1 5	53 5 1
,13 5,	,53 1,	13 1	53 5		
		135 531 51	531 135 151		

N° 6.

123 ,343,	,343, 321	1 2 345	54321 51
123 43	343 21	12 2345,	54322222
12 43	34 21	1 2,2 5,	5 222
,1 43,	34 1	1,2 5,	52 51 52 51

Les exercices suivants sont composés de notes de deux caractères différents. Ils doivent être étudiés par colonnes, comme les exercices précédents.

Voici comment il faut étudier chacune des lignes de chacune des colonnes.

1° Il faut d'abord chanter toutes les notes, grandes et petites, que contient la ligne, jusqu'à ce que l'on s'en soit rendu maître.

2° Il faut ensuite ne plus chanter que les grandes notes; mais il faut les chanter en s'arrêtant plus longtemps sur chacune de celles qui précèdent les petites, afin de penser à ces petites notes intermédiaires, qui doivent nous servir de moyen pour trouver l'intonation des grandes. On doit, comme toujours, répéter chacune des lignes, jusqu'à ce que l'on s'en soit rendu maître.

Il faut ne jamais chanter un *fa* sans penser au *mi*, avant et après, donc: toutes les fois qu'un *fa* se rencontrera, il faudra le chanter en pensant : *mi fa mi*. Ceci est TRÈS-IMPORTANT.

N° 7.

123454321	123454321	123454321	123454321	1
12345	$1_2\ 345_{43}\ 2$	$1_{23}\ 432_{34}5$	$1_{234}\ 5432$	1
$123_4\ 54$	$1_2\ 34_3\ 2_{34}5$	$1_{23}\ 43_4\ 5_{43}2$	$1_{234}\ 54_3\ 23$	1
$12_3\ 43_4\ 5$	$1_2\ 3_4\ 54_3\ 2$	$1_{23}\ 4_3\ 23_4\ 5$	$1_{234}\ 5_4\ 32_3\ 4$	1
$12_3\ 45_4\ 3$	$1_2\ 3_4\ 5_{43}2_3\ 4$	$1_{23}\ 4_3\ 2_{34}5_4\ 3$	$1_{234}\ 5_4\ 3\ 4_3\ 2$	1
$12_{34}54\ 3$	$1_2\ 32_3\ 45$	$1_{23}\ 45_4\ 32$	$1_{234}\ 5_{43}\ 234$	1
$12_{34}5_4\ 34$	$1_2\ 32_{34}54$	$1_{23}\ 45_{43}23$	$1_{234}\ 5_{43}\ 2_3\ 43$	1

Les exercices suivants sont écrits sans les notes **intermédiaires. Il faudra les étudier en pensant aux** notes **intermédiaires**, comme si elles étaient **écrites.**

N° 8

12345	13452	14325	15432	1	54321	53214	52134	51234	1
12354	13425	14352	15423	1	54312	53241	52143	51243	1
12435	13542	14235	15324	1	54213	53124	52341	51342	1
12453	13524	14253	15342	1	54231	53142	52314	51324	1
12543	13245	14532	15234	1	54123	53421	52431	51432	1
12534	13254	14523	15243	1	54132	53412	52413	51423	1

DEUXIÈME SÉRIE D'EXERCICES.

Étude des notes { ut si la sol / 1̇ 7 6 5 }

Il est indifférent de placer le point au-dessus de l'ut, comme nous l'avons **fait** (1̇765) ou au-dessous des trois autres notes (1765), puisque des deux manières on voit que l'ut est plus élevé que les notes, si, la, sol. Nous avons **préféré** mettre le point au-dessus de l'ut, parce que, de cette manière, nous n'avons qu'un point au lieu de trois.

Les quatre premières notes de l'air *A coups d'pied à coups d'poing* **sont** : { ut si la sol / 1̇ 7 6 5 }

On peut donc, au moyen de l'air *A coups d'pied à coups d'poing*, apprendre les quatre notes { ut si la sol / 1̇ 7 6 5 } Lorsque, après les avoir répétées **plusieurs fois**, on les saura bien, on pourra passer aux exercices ci-dessous :

N° 1.

,1̇765,	,1̇ 7 6 5,	,1̇7 6 5,	,1̇7 6 5,
,1̇765, 1̇	1̇1̇ 77 66 55 1̇	1̇7 76 65 51̇	1̇7 ,765, 1̇
1̇76 1̇	1̇1̇ 77 66 1̇	1̇7 76 6 1̇	1̇7 76 1̇
1̇7 1̇	1̇1̇ 77 1̇	1̇7 7 1̇	1̇7 7 1̇
1̇765 1̇51̇	1̇1̇ 77 66 55 1̇51̇	1̇7 76 65 51̇	1̇7 765 1̇51̇

Étude des notes { sol la si ut / 5 6 7 1̇ }

Les quatre premières notes de l'air de *Cadet Rousselle* sont : { sol la si ut / 5 6 7 1̇ }
On peut donc, au moyen de l'air de *Cadet Rousselle*, apprendre les quatre notes { sol la si ut / 5 6 7 1̇ } Lorsque, après les avoir répétées plusieurs fois, on les saura bien, on pourra passer aux exercices ci-dessous :

N° 2.

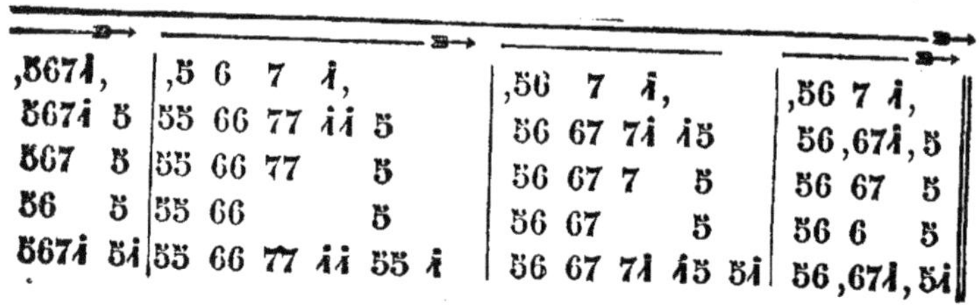

,5671̇,	,5 6 7 1̇,	,56 7 1̇,	,56 7 1̇,
5671̇ 5	55 66 77 1̇1̇ 5	56 67 71̇ 1̇5	56 ,671̇, 5
567 5	55 66 77 5	56 67 7 5	56 67 5
56 5	55 66 5	56 67 5	56 6 5
5671̇ 51̇	55 66 77 1̇1̇ 55 1̇	56 67 71̇ 1̇5 51̇	56 ,671̇, 51̇

N° 3.

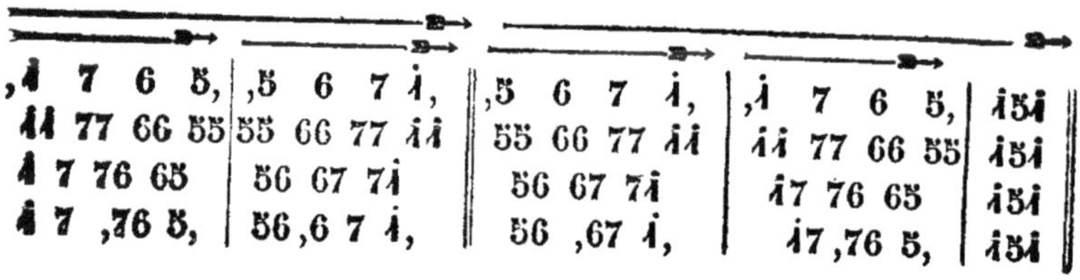

,1̇ 7 6 5,	,5 6 7 1̇,	,5 6 7 1̇,	,1̇ 7 6 5,	1̇51̇
1̇1̇ 77 66 55	55 66 77 1̇1̇	55 66 77 1̇1̇	1̇1̇ 77 66 55	1̇51̇
1̇ 7 76 65	56 67 71̇	56 67 71̇	1̇7 76 65	1̇51̇
1̇ 7 ,76 5,	56 ,6 7 1̇,	56 ,67 1̇,	1̇7 ,76 5,	1̇51̇

N° 4.

1̇765 567 1̇	5671̇ 1̇765	1̇765671̇	5671̇765
1̇765 67 1̇	5671̇ 765	1̇76 71̇	567 65
1̇76 67 1̇	567 765	1̇7 1̇	56 5
1̇76 7 1̇	567 65	1̇76 71̇	567 65
1̇7 1̇	56 5	1̇765671̇ 51̇	5671̇765 1̇51̇
1̇765 5671̇ 51̇	5671̇ 1̇765 1̇51̇		

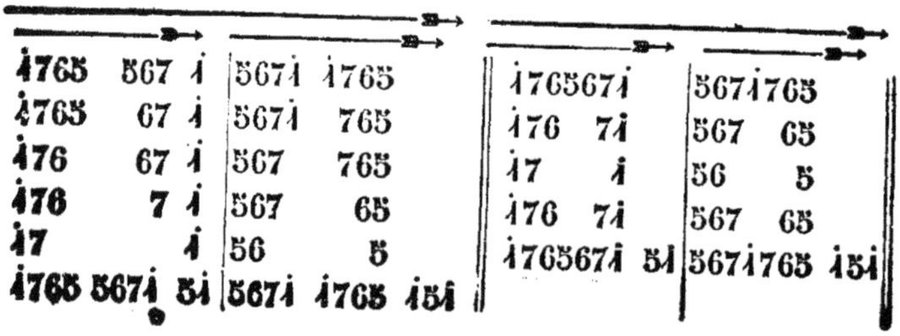

N. 5.

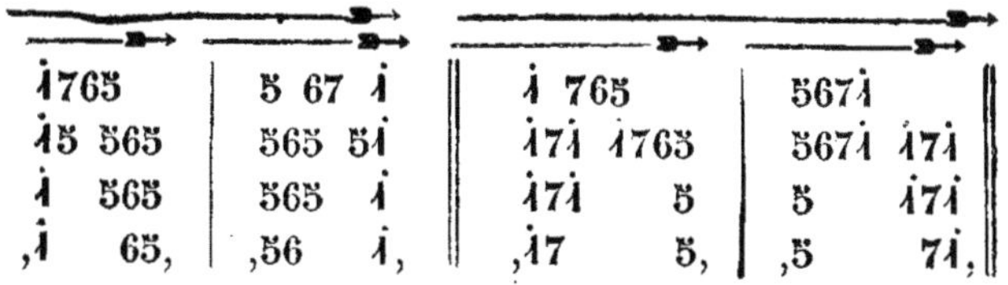

1̇765	5 67 1̇	1̇ 765	5671̇
1̇5 565	565 51̇	1̇71̇ 1̇765	5671̇ 1̇71̇
1̇ 565	565 1̇	1̇71̇ 5	5 1̇71̇
,1̇ 65,	,56 1̇,	,1̇7 5,	,5 71̇,

Il faudra étudier le numéro 6, ci-dessous, de la même manière que le numéro 7 de la première série (voir ci-dessus, première série, page 38, comment l'on doit étudier le numéro 7).

Il ne faut jamais chanter un *si*, sans penser à l'*ut*, avant et après, donc : toutes les fois qu'un *si* se présentera il faudra le chanter en pensant *ut si ut*. — Ceci est TRÉS-IMPORTANT.

N° 6.

1̇71̇	1̇765671̇	5671̇765	1̇	1̇765	5671̇	1̇
1̇71̇	1̇765	5671̇	1̇	1̇756	561̇7	1̇
1̇71̇	1̇7$_6$ 56	56$_7$ 1̇7	1̇	1̇657	571̇6	1̇
1̇71̇	1̇$_7$ 65$_6$ 7	5$_6$ 71̇$_7$ 6	1̇	1̇675	5761̇	1̇
1̇71̇	1̇$_7$ 67$_6$ 5	5$_6$ 76$_7$ 1̇	1̇	1̇567	51̇76	1̇
1̇71̇	1̇$_{76}$ 5 67	5$_{67}$1̇76	1̇	1̇576	51̇67	1̇
1̇71̇	1̇$_{76}$ 5$_6$76	5$_{67}$1̇$_7$ 67	1̇			

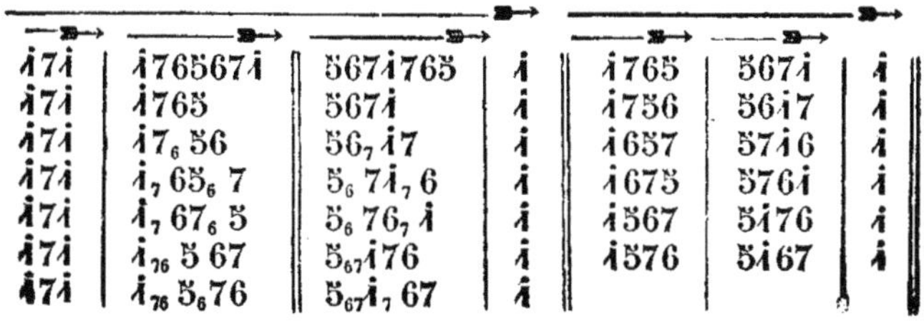

TROISIÈME SÉRIE D'EXERCICES.

N° 1.

Étude des notes **12345671̇ 1̇7654321.**

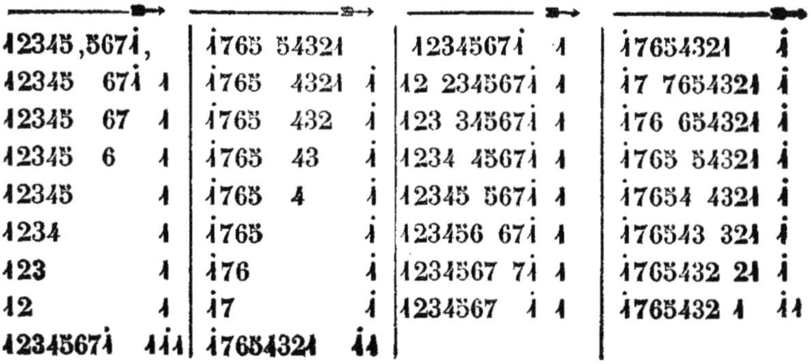

12345,5671̇,	1̇765 54321	12345671̇ 1	1̇7654321 1̇
12345 671̇ 1	1̇765 4321 1̇	12 2345671̇ 1	1̇7 7654321 1̇
12345 67 1	1̇765 432 1̇	123 345671̇ 1	1̇76 654321 1̇
12345 6 1	1̇765 43 1̇	1234 45671̇ 1	1̇765 54321 1̇
12345 1	1̇765 4 1̇	12345 5671̇ 1	1̇7654 4321 1̇
1234 1	1̇765 1̇	123456 671̇ 1	1̇76543 321 1̇
123 1	1̇76 1̇	1234567 71̇ 1	1̇765432 21 1̇
12 1	1̇7 1̇	1234567 1̇ 1	1̇765432 1 1̇1
12345671̇ 11̇1	1̇7654321 1̇1		

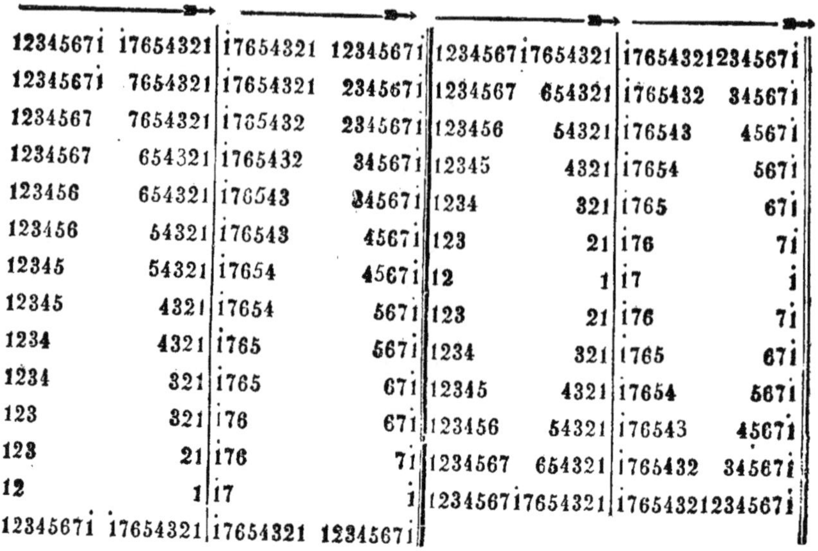

12345671̇	1̇7654321	1̇7654321	12345671̇	12345671̇7654321		1̇76543212345671̇	
12345671̇	7654321	1̇7654321	2345671̇	1234567	654321	1̇765432	345671̇
1234567	7654321	1̇765432	2345671̇	123456	54321	1̇76543	45671̇
1234567	654321	1̇765432	345671̇	12345	4321	1̇7654	5671̇
123456	654321	1̇76543	345671̇	1234	321	1̇765	671̇
123456	54321	1̇76543	45671̇	123	21	1̇76	71̇
12345	54321	1̇7654	45671̇	12	1	1̇7	1̇
12345	4321	1̇7654	5671̇	123	21	1̇76	71̇
1234	4321	1̇765	5671̇	1234	321	1̇765	671̇
1234	321	1̇765	671̇	12345	4321	1̇7654	5671̇
123	321	1̇76	671̇	123456	54321	1̇76543	45671̇
123	21	1̇76	71̇	1234567	654321	1̇765432	345671̇
12	1	1̇7	1̇	12345671̇7654321		1̇76543212345671̇	
12345671̇	1̇7654321	1̇7654321	12345671̇				

N° 2.

123	345	5671̇	1̇765	543	321	1351̇	1̇531		1̇531	1351̇
123	345	5671̇	1̇765	543	321	1351	531		1̇531	351̇
13	35	51̇	1̇5	53	31	135	531		1̇53	351̇
13	5	1̇	1̇5	3	1	135	31		1̇53	51̇
						13	1		1̇5	1̇
						1351̇	1̇531	1̇1	1̇531	1351̇ 1

1351̇531	1̇531351̇	13	31	35	53	51̇	1̇5	51̇	53	35	31
135 31	1̇53 51̇	13	313	5	535	1̇	1̇5	51̇5	3	353	1
13 1	1̇5 1̇	13	31	5	53	1̇	1̇5	51	3	35	1
135 31	1̇53 51̇	13	1	5	3	1̇	1̇5	1̇	3	5	1
1351̇531	1̇531351̇1										

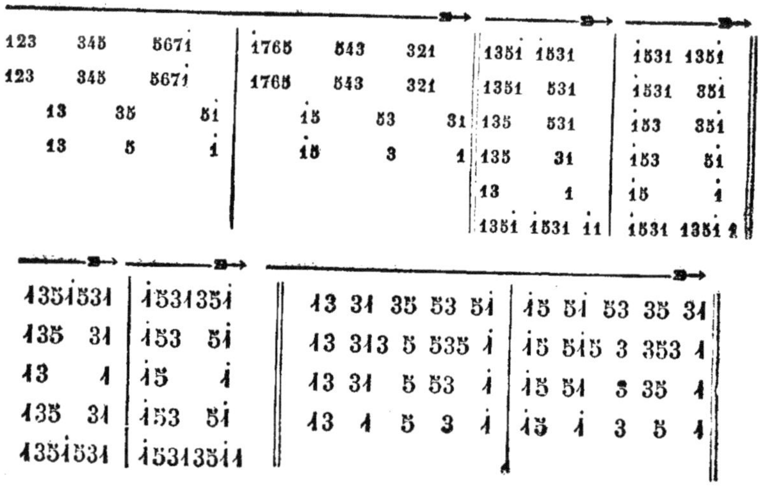

QUATRIÈME SÉRIE D'EXERCICES.

Etude des notes 17654321765 56712345671.

N° 1.

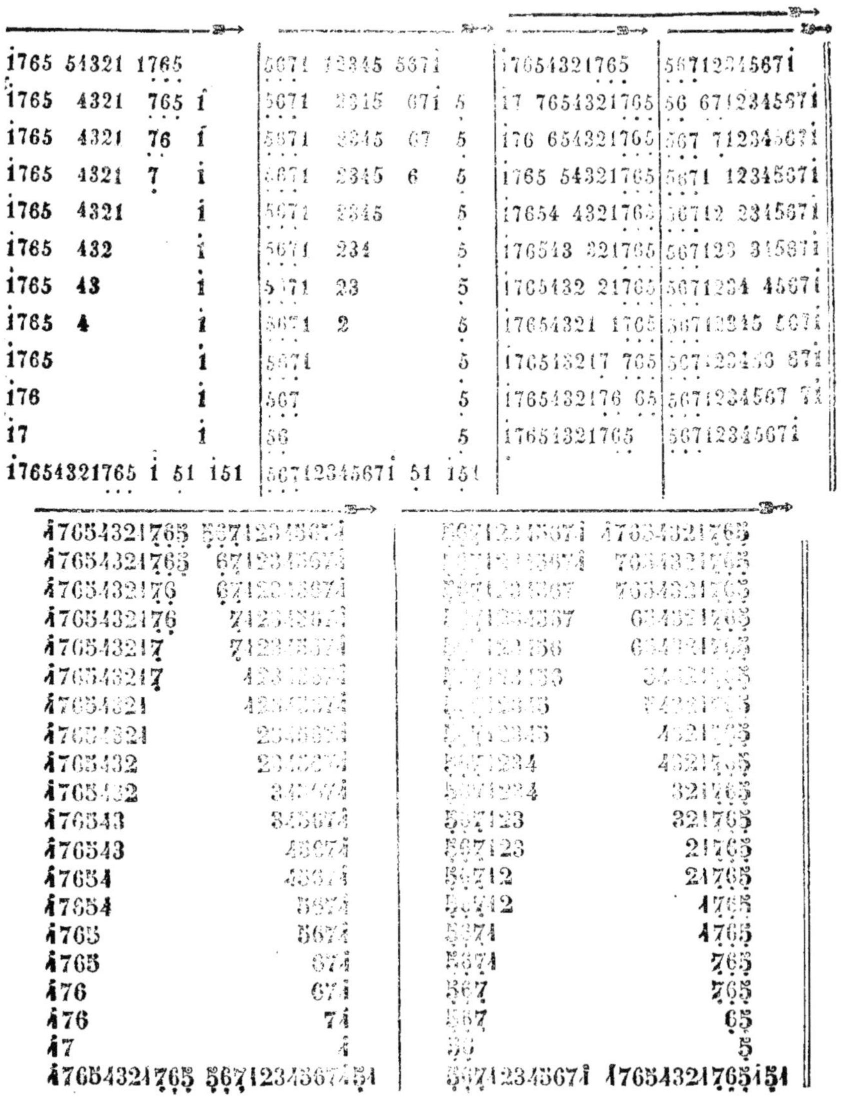

1765 54321 1765	5671 12345 5671	17654321765	56712345671
1765 4321 765 1	5671 2345 671 5	17 7654321765	56 6712345671
1765 4321 76 1	5671 2345 67 5	176 654321765	567 712345671
1765 4321 7 1	5671 2345 6 5	1765 54321765	5671 12345671
1765 4321 1	5671 2345 5	17654 4321765	56712 2345671
1765 432 1	5671 234 5	176543 321765	567123 345671
1765 43 1	5671 23 5	1765432 21765	5671234 45671
1765 4 1	5671 2 5	17654321 1765	56712345 5671
1765 1	5671 5	176543217 765	567123456 671
176 1	567 5	1765432176 65	5671234567 71
17 1	56 5	17654321765	56712345671
17654321765 1 51 151	56712345671 51 151		

17654321765 56712345671	56712345671 17654321765
17654321765 6712345671	56712345671 7654321765
1765432176 6712345671	5671234567 7654321765
1765432176 712345671	5671234567 654321765
176543217 712345671	567123456 654321765
176543217 12345671	567123456 54321765
17654321 12345671	56712345 54321765
17654321 2345671	56712345 4321765
1765432 2345671	5671234 4321765
1765432 345671	5671234 321765
176543 345671	567123 321765
176543 45671	567123 21765
17654 45671	56712 21765
17654 5671	56712 1765
1765 5671	5671 1765
1765 671	5671 765
176 671	567 765
176 71	567 65
17 1	56 5
17654321765 56712345671 51	56712345671 17654321765 151

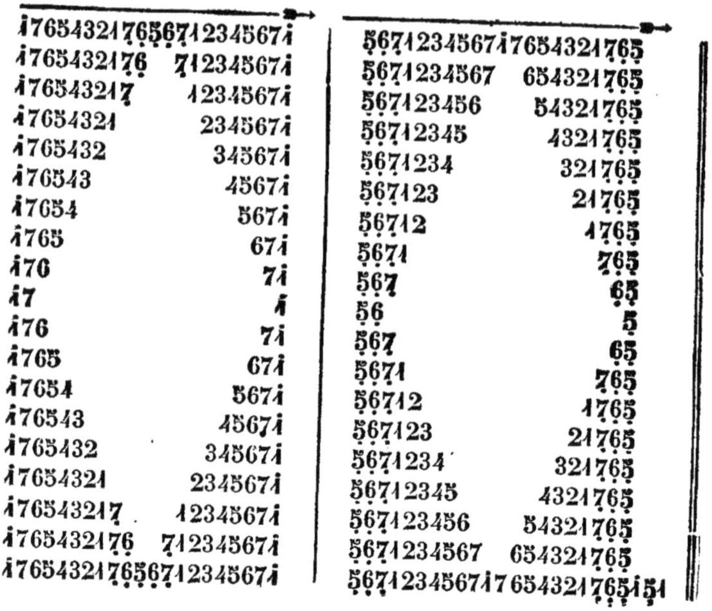

176543217656712345671	567123456717654321765
1765432176 712345671	5671234567 654321765
176543217 12345671	567123456 54321765
17654321 2345671	56712345 4321765
1765432 345671	5671234 321765
176543 45671	567123 21765
17654 5671	56712 1765
1765 671	5671 765
176 71	567 65
17 1	56 5
176 71	567 65
1765 671	5671 765
17654 5671	56712 1765
176543 45671	567123 21765
1765432 345671	5671234 321765
17654321 2345671	56712345 4321765
176543217 12345671	567123456 54321765
1765432176 712345671	5671234567 654321765
176543217656712345671	567123456717654321765151

N° 2.

1765	543	321	1765		5671	123	345	5671	
1765	543	321	1765		5671	123	345	5671	
	15	53	31	15		51	13	35	51
	15	3	1	5		51	3	5	1

15315 51351	51351 15315	153151351	5135153 15
15315 1351	51351 5315	1531 351	5135 315
1531 1351	5135 5315	153 51	513 15
1531 351	5135 315	15 1	51 5
153 351	513 315	153 51	513 15
153 51	513 15	1531 351	5135 315
15 1	51 5	1531 51351	51351 53151
15315 5135151	51351 15315 1		

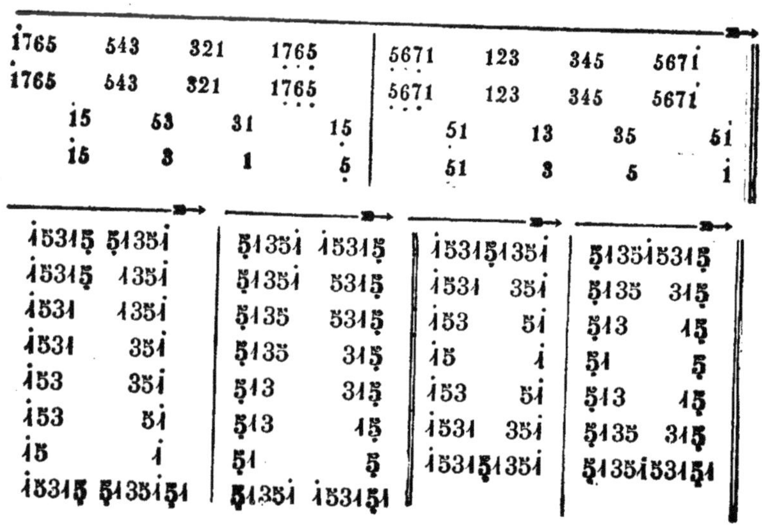

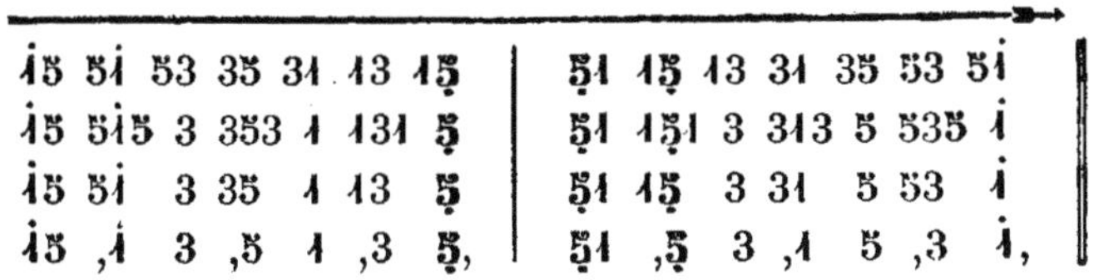

15 51 53 35 31 13 15	51 15 13 31 35 53 51
15 515 3 353 1 131 5	51 151 3 313 5 535 1
15 51 3 35 1 13 5	51 15 3 31 5 53 1
15 ,1 3 ,5 1 ,3 5,	51 ,5 3 ,1 5 ,3 1,

N° 3.

176 654 432 217 765	567 712 234 456 671
176 654 432 217 765	567 712 234 456 671
16 64 42 27 75	57 72 24 46 61
16 4 2 7 5	57 2 4 6 1

164275 572461	572461 164275	16427572461	57246164275
164275 72461	572461 64275	16427 2461	57246 4275
16427 72461	57246 64275	1642 461	5724 275
16427 2461	57246 4275	164 61	572 75
1642 2461	5724 4275	16 1	57 5
1642 461	5724 275	164 61	572 75
164 461	572 275	1642 461	5724 275
164 61	572 75	16427 2461	57246 4275
16 1	57 5	16427572461	572461642751
164275 57246151	572461 1642751		

16 61 64 46 42 24 27 72 75	57 75 72 27 24 42 46 64 61
16 6164 4642 2427 7275	57 7572 2724 4246 6461
16 61 4 46 2 24 7 72 5	57 75 2 27 4 42 6 64 1
16 1 4 6 2 4 7 2 5	57 5 2 7 4 2 6 4 1

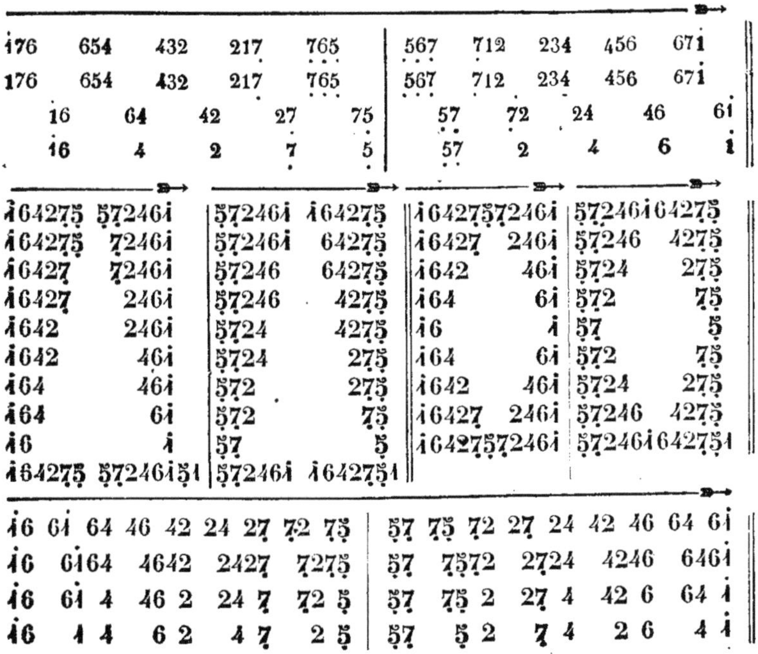

CINQUIÈME SÉRIE D'EXERCICES.

Étude des notes 135, 146, 725.

N° 1.

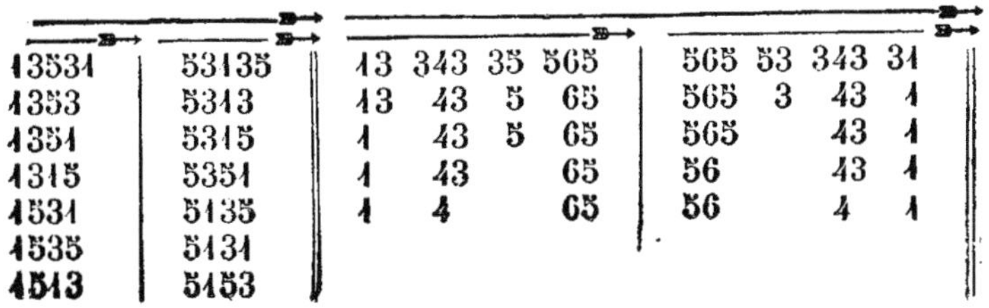

13531	53135	13 343 35 565	565 53 343 31
1353	5313	13 43 5 65	565 3 43 1
1351	5315	1 43 5 65	565 43 1
1315	5351	1 43 65	56 43 1
1531	5135	1 4 65	56 4 1
1535	5131		
1513	5153		

171	12	23	35	53	32	21	171
171	2	23	35	53	32	2	171
171	2		35	5	3	2	171
171	2		5	5		2	171
17	2		5	5		2	71

N° 2.

13531	14641	13531	72527	13531	1	53135	64146	53135	52725	53135	1
1353	1464	1353	7252	1353	1	5313	6414	531 3	5272	5313	1
1351	1461	1351	7257	1351	1	5315	6416	5315	5275	5315	1
1315	1416	1315	7275	1315	1	5351	6461	5351	5257	5351	1
1531	1641	1531	7527	1531	1	5135	6146	5135	5725	5135	1
1535	1646	1535	7525	1535	1	5131	6141	5131	5727	5131	1
1513	1614	1513	7572	1513	1	5153	6164	5153	5752	5153	1

SIXIÈME SÉRIE D'EXERCICES.

Études des notes 513 614 572.

N° 1.

13151	51315	565	51	13	343	343	31	15	565	51	171	121	121	171	15
1315	5131	565	51	3	43	343		15	565	51	171	21	121	71	15
1351	5135	565	1	3	43	343		1	565	51	71	21	121	71	5
1353	5153	565	1		43	343		1	65	51	7	21	12	71	5
1513	5315	56	1		43	34		1	65	5	7	21	12	7	5
1531	5313														
1535	5351														

N° 2.

13151	14161	13151	72757	13151	1	51315	64416	51315	57275	51315	1
1315	1416	1315	7275	1315	1	5131	6141	5131	5727	5131	1
1351	1461	1351	7257	1351	1	5135	6146	5135	5725	5135	1
1353	1464	1353	7252	1353	1	5153	6164	5153	5752	5153	1
1513	1614	1513	7572	1513	1	5315	6416	5315	5275	5315	1
1531	1641	1531	7527	1531	1	5313	6414	5313	5272	5313	1
1535	1646	1535	7525	1535	1	5351	6461	5351	5257	5351	1

SEPTIÈME SÉRIE D'EXERCICES.

Études des notes 153 164 752.

N° 1.

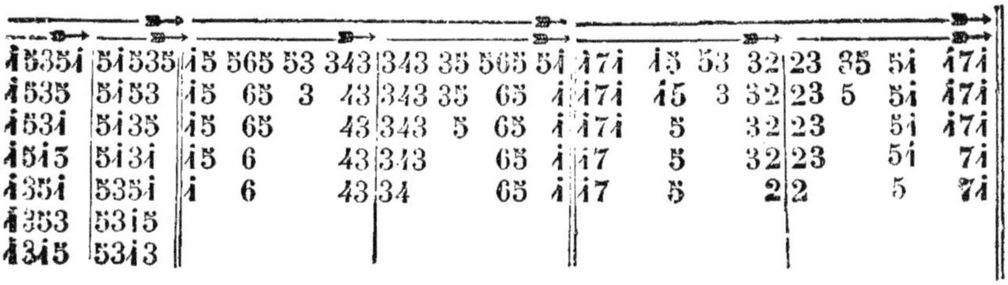

15351	51535	15 565 53 343	343 35 565 51	171 15 53 32	23 35 51 171
1535	5153	15 65 3 43	343 35 65 1	171 15 3 32	23 5 51 171
1531	5135	15 65 43	343 5 65 1	171 5 32	23 51 171
1513	5131	15 6 43	343 65 1	17 5 32	23 51 71
1351	5351	1 6 43	34 65 1	17 5 2	2 5 71
1353	5315				
1315	5313				

N° 2.

15351	16461	15351	75257	15351	1	51535	61646	51535	57525	51535	1
1535	1646	1535	7525	1535	1	5153	6164	5153	5752	5153	1
1531	1641	1531	7527	1531	1	5135	6146	5135	5725	5135	1
1513	1614	1513	7572	1513	1	5131	6141	5131	5727	5131	1
1351	1461	1351	7257	1351	1	5351	6461	5351	5257	5351	1
1353	1464	1353	7252	1353	1	5315	6416	5315	5275	5315	1
1315	1416	1315	7275	1315	1	5313	6414	5313	5272	5313	1

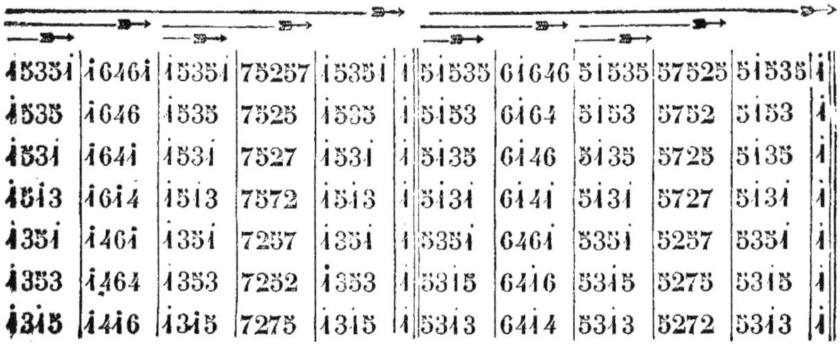

HUITIÈME SÉRIE D'EXERCICES.

Étude des notes 135 136 724.

N° 1.

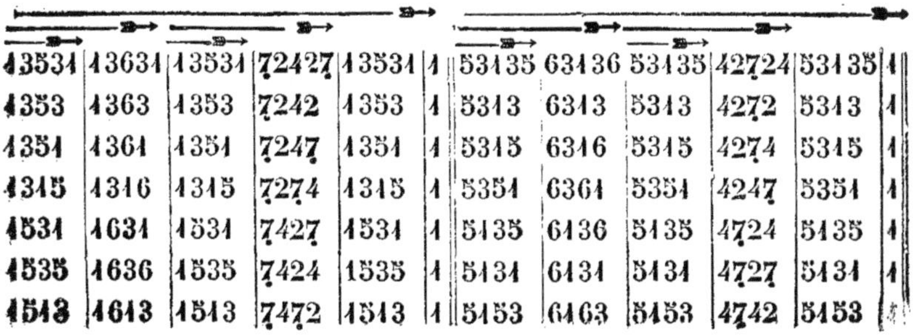

13531	13631	13531	72427	13531	1	53135	63136	53135	42724	53135	1
1353	1363	1353	7242	1353	1	5313	6313	5313	4272	5313	1
1351	1361	1351	7247	1351	1	5315	6316	5315	4274	5315	1
1315	1316	1315	7274	1315	1	5351	6361	5351	4247	5351	1
1531	1631	1531	7427	1531	1	5135	6136	5135	4724	5135	1
1535	1636	1535	7424	1535	1	5131	6131	5131	4727	5131	1
1513	1613	1513	7472	1513	1	5153	6163	5153	4742	5153	1

Étude des notes 513 613 472.

N° 2.

13151	13161	13151	72747	13151	1	51315	61316	51315	47274	51315	1
1315	1316	1315	7274	1315	1	5131	6131	5131	4727	5131	1
1351	1361	1351	7247	1351	1	5135	6136	5135	4724	5135	1
1353	1363	1353	7242	1353	1	5153	6163	5153	4742	5153	1
1513	1613	1513	7472	1513	1	5315	6316	5315	4274	5315	1
1531	1631	1531	7427	1531	1	5313	6313	5313	4272	5313	1
1535	1636	1535	7424	1535	1	5351	6361	5351	4247	5351	1

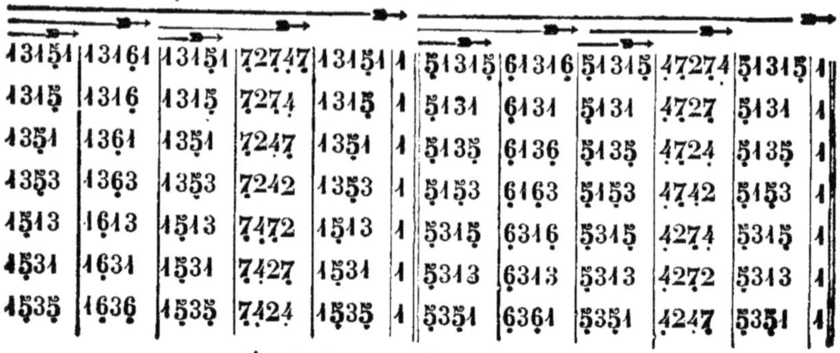

Étude des notes 153, 163, 742.

N° 3.

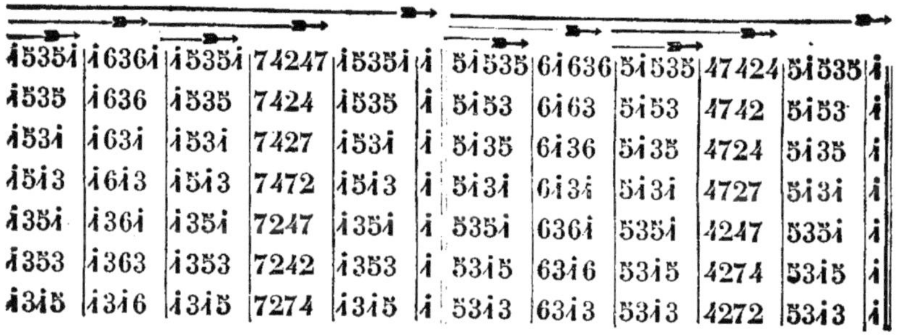

15351	16361	15351	74247	15351	1	51535	61636	51535	47424	51535	1
1535	1636	1535	7424	1535	1	5153	6163	5153	4742	5153	1
1531	1631	1531	7427	1531	1	5135	6136	5135	4724	5135	1
1513	1613	1513	7472	1513	1	5131	6131	5131	4727	5131	1
1351	1361	1351	7247	1351	1	5351	6361	5351	4247	5351	1
1353	1363	1353	7242	1353	1	5315	6316	5315	4274	5315	1
1315	1316	1315	7274	1315	1	5313	6313	5313	4272	5313	1

NEUVIÈME SÉRIE D'EXERCICES.

Étude des notes 135, 246, 735.

N 1.

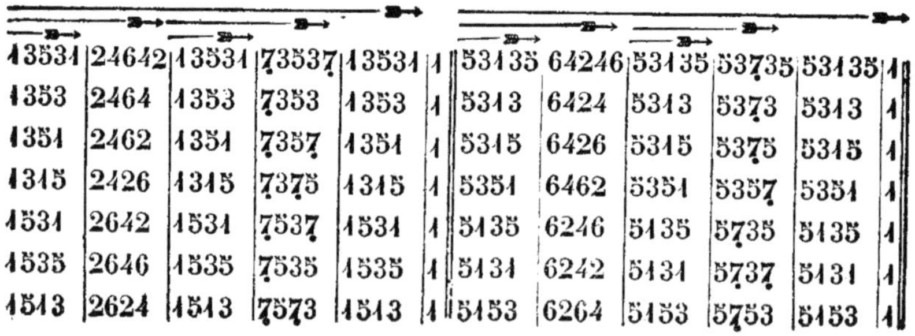

13531	24642	13531	73537	13531	1	53135	64246	53135	53735	53135	1
1353	2464	1353	7353	1353	1	5313	6424	5313	5373	5313	1
1351	2462	1351	7357	1351	1	5315	6426	5315	5375	5315	1
1315	2426	1315	7375	1315	1	5351	6462	5351	5357	5351	1
1531	2642	1531	7537	1531	1	5135	6246	5135	5735	5135	1
1535	2646	1535	7535	1535	1	5131	6242	5131	5737	5131	1
1513	2624	1513	7573	1513	1	5153	6264	5153	5753	5153	1

Nº 2.

13151	24262	13151	73757	13151	1	51315	62426	51315	57375	51315	1
1315	2426	1315	7375	1315	1	5131	6242	5131	5737	5131	1
1351	2462	1351	7357	1351	1	5135	6246	5135	5735	5135	1
1353	2464	1353	7353	1353	1	5153	6264	5153	5753	5153	1
1513	2624	1513	7573	1513	1	5315	6426	5315	5375	5315	1
1531	2642	1531	7537	1531	1	5313	6424	5313	5373	5313	1
1535	2646	1535	7535	1535	1	5351	6462	5351	5357	5351	1

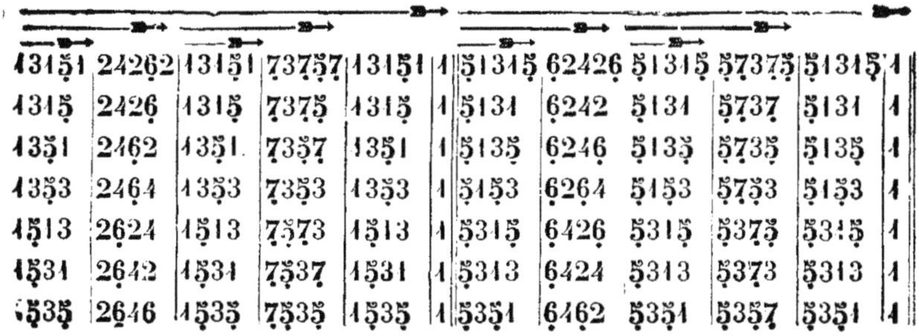

Étude des notes 153 264 753

Nº 3.

15351	26462	15351	75357	15351	1	51535	62646	51535	57535	51535	1
1535	2646	1535	7535	1535	1	5153	6264	5153	5753	5153	1
1531	2642	1531	7537	1531	1	5135	6246	5135	5735	5135	1
1513	2624	1513	7573	1513	1	5131	6242	5131	5737	5131	1
1351	2462	1351	7357	1351	1	5351	6462	5351	5357	5351	1
1353	2464	1353	7353	1353	1	5315	6426	5315	5375	5315	1
1315	2426	1315	7375	1315	1	5313	6424	5313	5373	5313	1

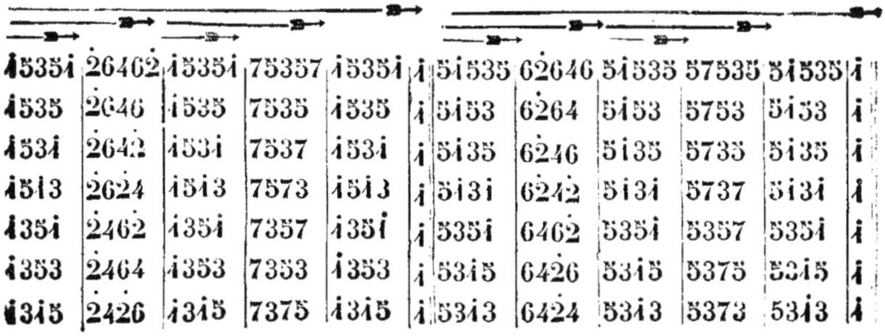

DIXIÈME SÉRIE D'EXERCICES.

Etude des notes 135 1246 7245.

Nº 1.

13531	1246421	13531	7245427	13531	1
53135	6421246	53135	5427245	53135	1
13151	1242161	13151	7242757	13151	1
51315	6124216	51315	5724275	51315	1

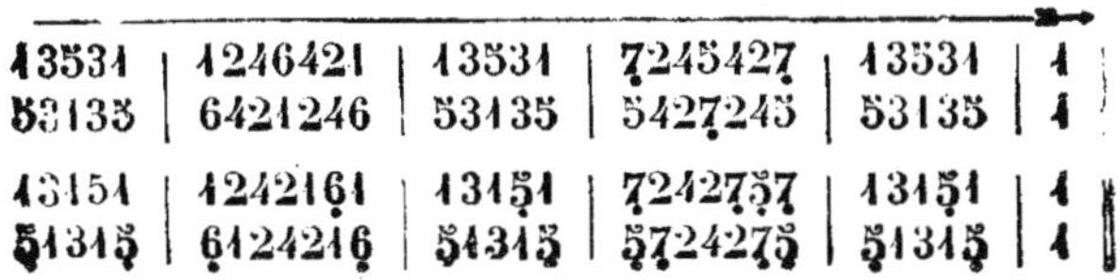

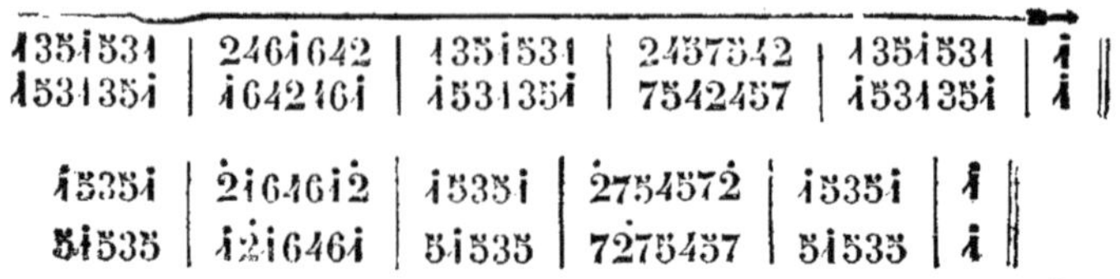

1351̇531	2461̇642	1351̇531	2457542	1351̇531	1̇
1̇531351̇	1̇642461̇	1̇531351̇	7542457	1̇531351̇	1̇

1̇5351̇	2̇1̇64612̇	1̇5351̇	2̇754572̇	1̇5351̇	1̇
51̇535	1̇2̇1̇6461̇	51̇535	72̇75457	51̇535	1̇

Étude des notes 135 1346 7̣246.

N° 2.

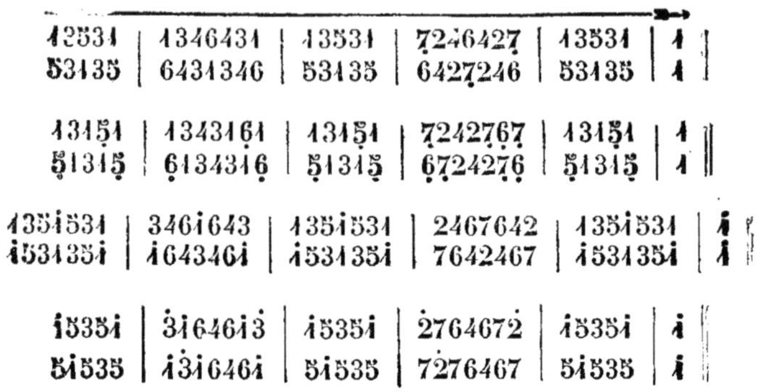

13531	1346431	13531	7̣246427̣	13531	1
53135	6431346	53135	6427̣246	53135	1

1315̣1	134316̣1	1315̣1	7̣2427̣6̣7̣	1315̣1	1
5̣1315̣	6̣134316̣	5̣1315̣	6̣7̣2427̣6̣	5̣1315̣	1

1351̇531	3461̇643	1351̇531	2467642	1351̇531	1̇
1̇531351̇	1̇643461̇	1̇531351̇	7642467	1̇531351̇	1̇

1̇5351̇	3̇1̇64613̇	1̇5351̇	2̇764672̇	1̇5351̇	1̇
51̇535	1̇3̇1̇6461̇	51̇535	72̇76467	51̇535	1̇

Étude des notes 135 1356 7̣235.

N° 3.

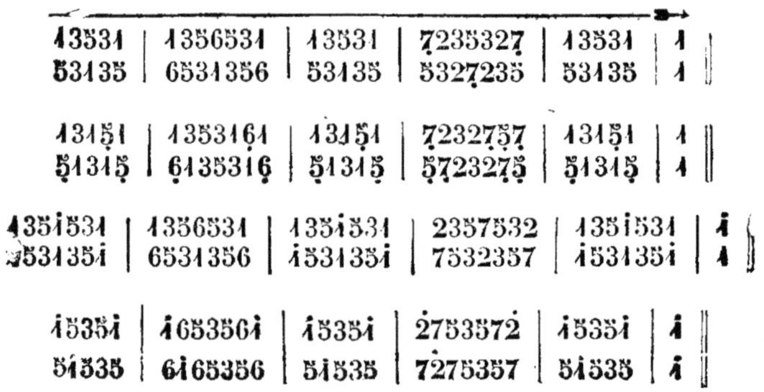

13531	1356531	13531	7̣235327̣	13531	1
53135	6531356	53135	5327̣235	53135	1

1315̣1	135316̣1	1315̣1	7̣2327̣5̣7̣	1315̣1	1
5̣1315̣	6̣135316̣	5̣1315̣	5̣7̣2327̣5̣	5̣1315̣	1

1351̇531	1356531	1351̇531	2357532	1351̇531	1̇
1̇531351̇	6531356	1̇531351̇	7532357	1̇531351̇	1̇

1̇5351̇	1̇653561̇	1̇5351̇	2̇753572̇	1̇5351̇	1̇
51̇535	61̇65356	51̇535	72̇75357	51̇535	1̇

ONZIÈME SÉRIE D'EXERCICES.

Étude des gammes harmoniques pour l'étendue de la voix humaine.

N° 1.

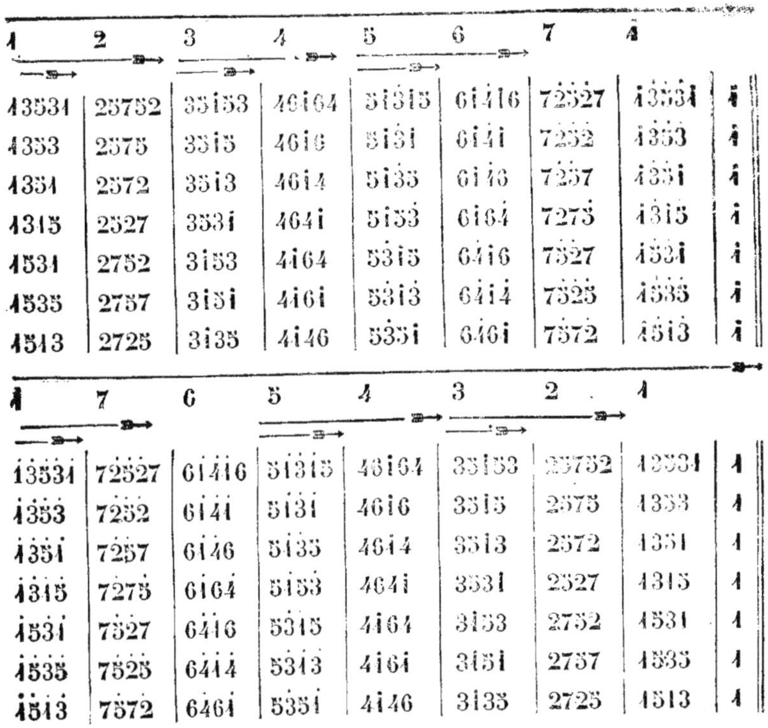

1	2	3	4	5	6	7	1	
13531	25752	35153	46164	51315	61416	72527	13531	1
1353	2575	3515	4616	5131	6141	7252	1353	1
1351	2572	3513	4614	5135	6146	7257	1351	1
1315	2527	3531	4641	5153	6164	7275	1315	1
1531	2752	3153	4164	5315	6416	7527	1531	1
1535	2757	3151	4161	5313	6414	7525	1535	1
1513	2725	3135	4146	5351	6461	7572	1513	1

1	7	6	5	4	3	2	1	
13531	72527	61416	51315	46164	35153	25752	13531	1
1353	7252	6141	5131	4616	3515	2575	1353	1
1351	7257	6146	5135	4614	3513	2572	1351	1
1315	7275	6164	5153	4641	3531	2527	1315	1
1531	7527	6416	5315	4164	3153	2752	1531	1
1535	7525	6414	5313	4161	3151	2757	1535	1
1513	7572	6461	5351	4146	3135	2725	1513	1

N° 1 *bis.*

53135	75257	15351	16461	31513	41614	52725	53135	1
5313	7525	1535	1646	3151	4161	5272	5313	1
5315	7527	1531	1641	3153	4164	5275	5315	1
5351	7572	1513	1614	3135	4146	5257	5351	1
5135	7257	1351	1461	3513	4614	5725	5135	1
5131	7252	1353	1464	3515	4616	5727	5131	1
5153	7275	1315	1416	3531	4641	5752	5153	1

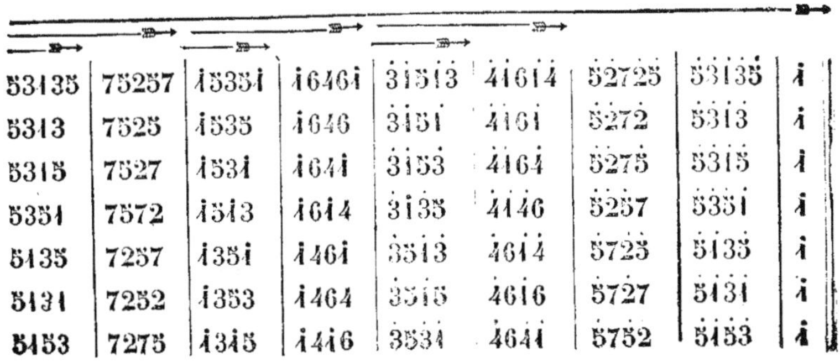

53135	52725	41614	31513	16461	15351	75257	53135	1
5313	5272	4161	3151	1646	1535	7525	5313	1
5315	5275	4164	3153	1641	1531	7527	5315	1
5351	5257	4146	3135	1614	1513	7572	5351	1
5135	5725	4614	3513	1461	1351	7257	5135	1
5131	5727	4616	3515	1464	1353	7252	5131	1
5153	5752	4641	3531	1416	1315	7275	5153	1

N° 2.

1	2	3	4	5	6	7	1	
15351	27572	31513	41614	53135	64146	75257	15351	1
1535	2757	3151	4161	5313	6414	7525	1535	1
1531	2752	3153	4164	5315	6416	7527	1531	1
1513	2725	3135	4146	5351	6461	7572	1513	1
1351	2572	3513	4614	5135	6146	7257	1351	1
1353	2575	3515	4616	5131	6141	7252	1353	1
1315	2527	3531	4641	5153	6164	7275	1315	1

1	.	6	5	4	3	2	1	
15351	75257	64146	53135	41614	31513	27572	15351	1
1535	7525	6414	5313	4161	3151	2757	1535	1
1531	7527	6416	5315	4164	3153	2752	1531	1
1513	7572	6461	5351	4146	3135	2725	1513	1
1351	7257	6146	5135	4614	3513	2572	1351	1
1353	7252	6141	5131	4616	3515	2575	1353	1
1315	7275	6164	5153	4641	3531	2527	1315	1

N° 2 *bis.*

51535	72757	13151	14161	35313	46414	57525	51535	1
5153	7275	1315	1416	3531	4641	5752	5153	1
5135	7257	1351	1461	3513	4614	5725	5135	1
5131	7252	1353	1464	3515	4616	5727	5131	1
5351	7572	1513	1614	3135	4146	5257	5351	1
5315	7527	1531	1641	3153	4164	5275	5315	1
5313	7525	1535	1646	3151	4161	5272	5313	1

51535	57525	46414	35313	14161	13151	72757	51535	1
5153	5752	4641	3531	1416	1315	7275	5153	1
5135	5725	4614	3513	1461	1351	7257	5135	1
5131	5727	4616	3515	1464	1353	7252	5131	1
5351	5257	4146	3135	1614	1513	7572	5351	1
5315	5275	4164	3153	1641	1531	7527	5315	1
5313	5272	4161	3151	1646	1535	7525	5313	1

DOUZIÈME SÉRIE D'EXERCICES.

Étude des marches harmoniques pour l'étendue de la voix humaine.

17	21	32	43	54	65	76	1	16	75	64	53	42	31	27	1
16	27	31	42	53	64	75	1	15	74	63	52	41	37	26	1
15	26	37	41	52	63	74	1	14	73	62	51	47	36	25	1
14	25	36	47	51	62	73	1	13	72	61	57	46	35	24	1
13	24	35	46	57	61	72	1	12	71	67	56	45	34	23	1
12	23	34	45	56	67	71	1	11	77	66	55	44	33	22	1
11	22	33	44	55	66	77	1	17	76	65	54	43	32	21	1

DEUXIÈME CLASSE.

Étude de la gamme de LA, *mode mineur, en douze séries d'exercices.*

NOTA. Les deux premières séries peuvent, comme celles de la gamme d'ut mode majeur, être étudiées simultanément, et de la même manière. Les autres séries doivent être étudiées une à une et non deux à deux.

PREMIÈRE SÉRIE D'EXERCICES.

Étude des notes 6 7 1 2 3.

N° 1.

176 671 123 321 176	67123 32176	32176 67123	
671 23 321 76	67123 2176	32176 7123	
671 23 21 76 36	6712 2176	3217 7123	
	6712 176	3217 123	
321 176 671 123	671 176	321 123	
321 76 671 23	671 76	321 23	
321 76 71 23636	67 6	32 3	
	67123 32176 36	32176 67123	636

N° 2.

671 123	321 176	613 316	316 613	61 16 13	31 13 16
671 123	321 176	613 16	316 13	61 1613	31 1316
61 13	31 16	61 6	31 3	61 16 3	31 13 6
61 3	31 6	613 316 36	316 613 636	61 6 3	31 3 6

N° 3.

67123	61237	62317	63217	6	32176	31762	37126	36712	6
67132	61273	62371	63271	6	32167	31726	37162	36721	6
67231	61327	62173	63172	6	32761	31672	37216	36127	6
67213	61372	62137	63127	6	32716	31627	37261	36172	6
67321	61723	62713	63712	6	32671	31276	37612	36217	6
67312	61732	62731	63721	6	32617	31267	37621	36271	6

DEUXIÈME SÉRIE D'EXERCICES.

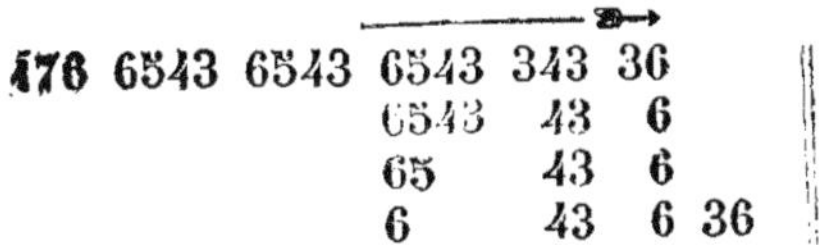

```
171 6543 6543 6543 343 36
              6543  43  6
              65    43  6
              6     43  6 36
```

Étude des notes LA JÈ FA MI.

DÉFINITION DU JÈ OU SOL DIÈSE.

Le JÈ, ou sol dièse, est un son qui PRODUIT AVEC le LA le même air que le SI avec l'UT.

COMMENT SE MARQUE LE DIÈSE.

LE DIÈSE, qui indique un son plus aigu, se marque sur la note, par un trait oblique tourné dans le même sens que l'ACCENT AIGU, de la manière suivante : 5.

COMMENT ON APPREND A FAIRE LE SOL DIÈSE OU JÈ.

Puisque d'après la définition du JÈ, ou sol dièse, donnée ci-dessus, LE JÈ DOIT PRODUIRE AVEC LE LA le même air que le SI avec l'UT;

Il faut, pour s'habituer à faire le JÈ, chanter, sur l'air 171, les syllabes

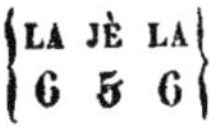

LA	JÈ	LA
6	5	6

COMMENT ON DOIT FAIRE CET EXERCICE.

Répétez plusieurs fois de suite l'air 171, en vous écoutant avec soin, afin d'appliquer exactement le même air aux syllabes, LA JÈ LA, que vous répéterez aussi plusieurs fois de suite en vous écoutant avec soin, afin de retenir l'effet que produit cet air.

Recommencez cet exercice jusqu'à ce que vous vous soyez rendu assez maître de LA JÈ LA pour le produire sans avoir besoin de UT SI UT pour vous guider.

AVIS TRÈS IMPORTANT. Dans les exercices suivants, il ne faut jamais produire un 5 sans le placer, par la pensée, entre deux 6, ainsi : 656. Ne chantez donc jamais un 5 sans penser 656. Ceci est TRÈS-IMPORTANT.

De même, il ne faut jamais produire un 4 sans le placer, par la pensée, entre deux 3, ainsi : 343. N'exprimez donc jamais un 4 sans penser 343. Ceci est aussi TRÈS-IMPORTANT. Tout le succès de l'étude tient à ces précautions.

N° 1

17654321

176 6543 343 36	656 343	343 656
6543 43 6	656 43	343 56
65 43 6	65 43	34 56
6 43 6 36	656 343 636	343 656 36

N° 2.

6543 3456	3456 6543	6543456	3456543	6543 3456 6
6543 456	3456 543	654 56	345 43	6534 3465 6
654 456	345 543	65 6	34 3	6435 3564 6
654 56	345 43	654 56	345 43	6453 3546 6
65 6	34 3	6543456 36	3456543636	6345 3654 6
6543 3456 36	3456 6543 636			6354 3645 6

TROISIÈME SÉRIE D'EXERCICES.

Étude des notes 67123456 65432176.

N° 1.

67123 3456 6543 32176	67123456 65432176	65432176 67123456
67123 456 6543 2176	67123456 5432176	65432176 7123456
67123 456 543 2176 66	6712345 5432176	6543217 7123456
	6712345 432176	6543217 123456
43 32176 67123 3456	671234 432176	654321 123456
43 2176 67123 456	671234 32176	654321 23456
3 2176 7123 456 666	67123 32176	65432 23456
	67123 2176	65432 3456
	6712 2176	6543 3456
	6712 176	6543 456
	671 176	654 456
	671 76	654 56
	67 6	65 6
	67123456 65432176 66	65432176 67123456 666

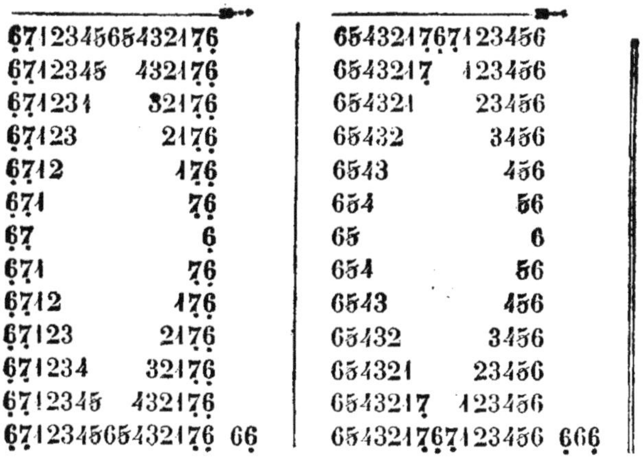

67123456543 2176	6543217671 23456
6712345 432176	6543217 123456
671234 32176	654321 23456
67123 2176	65432 3456
6712 176	6543 456
671 76	654 56
67 6	65 6
671 76	654 56
6712 176	6543 456
67123 2176	65432 3456
671234 32176	654321 23456
6712345 432176	6543217 123456
67123456543 2176 66	65432176712 3456 666

N° 2.

671	123	3456	6543	321	176
671	123	3456	6543	321	176
61	13	36	63	31	16
61	3	6	63	1	6

6136 6316	6316 6136	6136316	6316136	61 16 13 31 36	63 36 31 13 16
6136 316	6316 136	613 16	631 36	61 1613 3136	63 3631 1316
613 316	631 136	61 6	63 6	61 16 3 31 6	63 36 1 13 6
613 16	631 36	613 16	631 36	61 6 3 1 6	63 6 1 3 6
61 6	63 6	6136316 66	6316136 6		
6136 6316 66	6316 6136 6				

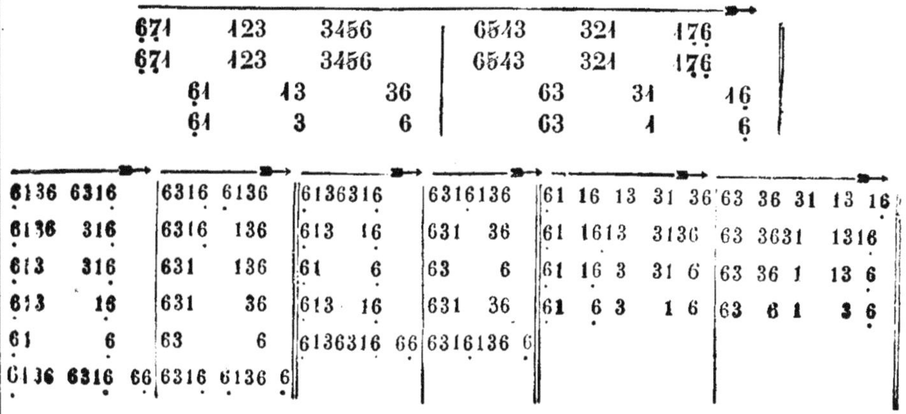

QUATRIÈME SÉRIE D'EXERCICES.

Etude des notes 65432176543 34567123456.

N° 1.

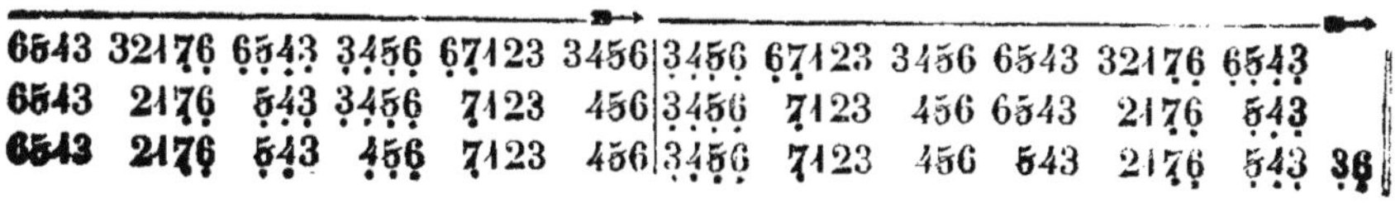

6543 32176 6543 3456 67123 3456	3456 67123 3456 6543 32176 6543
6543 2176 543 3456 7123 456	3456 7123 456 6543 2176 543
6543 2176 543 456 7123 456	3456 7123 456 543 2176 543 36

65432176543	34567123456
65432176543	4567123456
6543217654	4567123456
6543217654	567123456
654321765	567123456
654321765	67123456
65432176	67123456
65432176	7123456
6543217	7123456
6543217	123456
654321	123456
654321	23456
65432	23456
65432	3456
6543	3456
6543	456
654	456
654	56
65	6
65432176543	34567123456

34567123456	65432176543	
34567123456	5432176543	
3456712345	5432176543	
3456712345	432176543	
345671234	432176543	
345671234	32176543	
34567123	32176543	
34567123	2176543	
3456712	2176543	
3456712	176543	
345671	176543	
345671	76543	
34567	76543	
34567	6543	
3456	6543	
3456	543	
345	543	
345	43	
34	3	
34567123456	65433176543	36

654321765434567123456	
6543217654	567123456
654321765	67123456
65432176	7123456
6543217	123456
654321	23456
65432	3456
6543	456
654	56
65	6
654	56
6543	456
65432	3456
654321	23456
6543217	123456
65432176	7123456
654321765	67123456
6543217654	567123456
654321765434567123456	

345671234565432176543		
3456712345	432176543	
345671234	32176543	
34567123	2176543	
3456712	176543	
345671	76543	
34567	6543	
3456	543	
345	43	
34	3	
345	43	
3456	543	
34567	6543	
345671	76543	
3456712	176543	
34567123	2176543	
345671234	32176543	
3456712345	432176543	
345671234565432176543		36

N° 2.

6543	321	176	6543	3456	671	123	3456
6543	321	176	6543	3456	671	123	3456
63	31	16	63	36	61	13	36
63	1	6	3	36	1	3	6

63163	36136	36136	63163	
63163	6136	36136	3163	
6316	6136	3613	3163	
6316	136	3613	163	
631	136	361	163	
631	36	361	63	
63	6	36	3	
63163	36136	36136	63163	36

631636136		361363163		
6316	136	3613	163	
631	36	361	63	
63	6	36	3	
631	36	361	63	
6316	136	3613	163	
631636136		361363163		36

63 36 31 13 16 61 63	36 63 61 16 13 31 36
63 3631 1316 6163	36 6361 1613 3136
63 36 1 13 6 61 3	36 63 1 16 3 31 6
63 6 1 3 6 1 3	36 3 1 6 3 1 6

N° 3.

654	432	217	765	543	345	567	712	234	456
654	432	217	765	543	345	567	712	234	456
64	42	27	75	53	35	57	72	24	46
64	2	7	5	3	35	7	2	4	6

642753	357246	357246	642753	
642753	57246	357246	42753	
64275	57246	35724	42753	
64275	7246	35724	2753	
6427	7246	3572	2753	
6427	246	3572	753	
642	246	357	753	
642	46	357	53	
64	6	35	3	
642753	357246	357246	642753	36

642753357246		357246642753		
64275	7246	35724	2753	
6427	246	3572	753	
642	46	357	53	
64	6	35	3	
642	46	357	53	
6427	246	3572	753	
64275	7246	35724	2753	
642753357246		357246642753		36

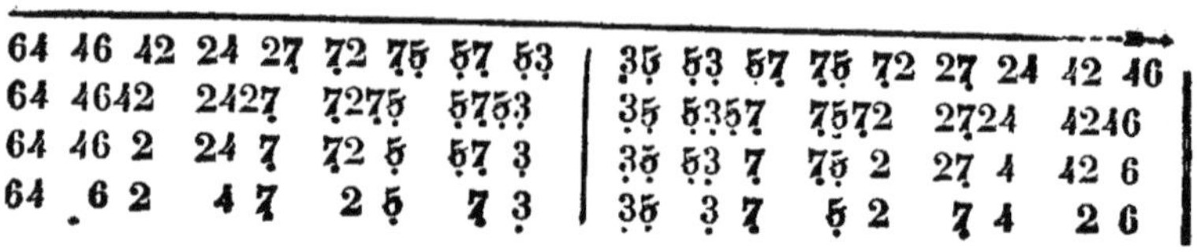

64	46	42	24	27	72	75	57	53	35	53	57	75	72	27	24	42	46
64	4642		2427		7275		5753		35	5357		7572		2724		4246	
64	46 2		24 7		72 5		57 3		35	53 7		75 2		27 4		42 6	
64	6 2		4 7		2 5		7 3		35	3 7		5 2		7 4		2 6	

CINQUIÈME SÉRIE D'EXERCICES.

Étude des notes 613, 624, 573.

N° 1.

176 671232176 67123432176 671232176 6567123217656

N° 2.

61316	62426	61316	57375	61316	6	31613	42624	31613	37573	31613	6
6131	6242	6131	5737	6131	6	3161	4262	3161	3757	3161	6
6136	6246	6136	5735	6136	6	3163	4264	3163	3753	3163	6
6163	6264	6163	5753	6163	6	3136	4246	3136	3735	3136	6
6316	6426	6316	5375	6316	6	3613	4624	3613	3573	3613	6
6313	6424	6313	5373	6313	6	3616	4626	3616	3575	3616	6
6361	6462	6361	5357	6361	6	3631	4642	3631	3537	3631	6

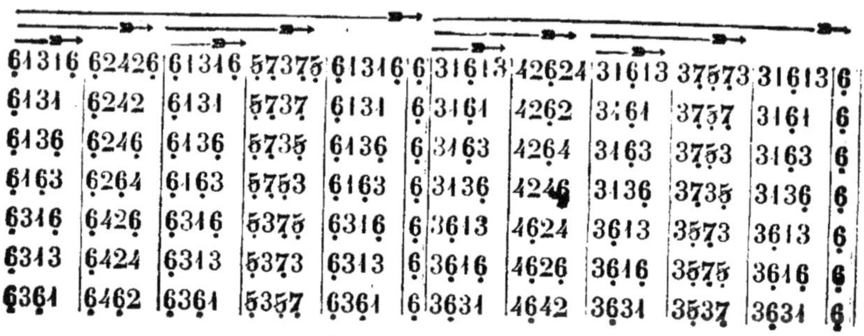

SIXIÈME SÉRIE D'EXERCICES.

Étude des notes 361, 462, 357.

N° 1.

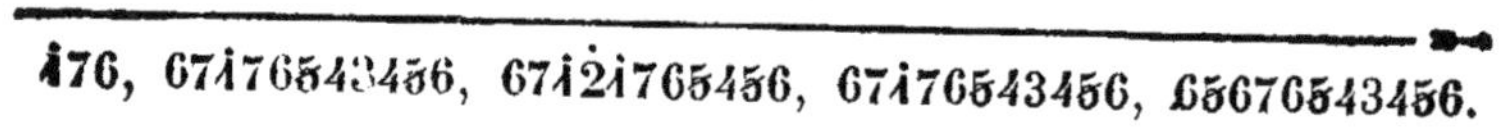

176, 67176543456, 67121765456, 67176543456, 65676543456.

N° 2.

61636	62646	61636	57535	61636	6	36163	46264	36163	35753	36163	6
6163	6264	6163	5753	6163	6	3616	4626	3616	3575	3616	6
6136	6246	6136	5735	6136	6	3613	4624	3613	3573	3613	6
6131	6242	6131	5737	6131	6	3631	4642	3631	3537	3631	6
6361	6462	6361	5357	6361	6	3163	4264	3163	3753	3163	6
6316	6426	6316	5375	6316	6	3161	4262	3161	3757	3161	6
6313	6424	6313	5373	6313	6	3136	4246	3136	3735	3136	6

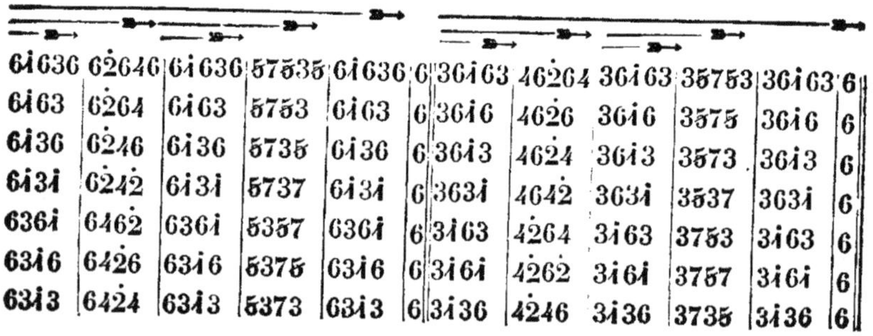

SEPTIÈME SÉRIE D'EXERCICES.

Étude des notes 631, 642, 537.

N° 1.

176, 65432123456, 654323456, 65432123456, 6543217123456.

N° 2.

63136	64246	63136	53735	63136	6	36313	46424	36313	35373	36313	6
6313	6424	6313	5373	6313	6	3631	4642	3631	3537	3631	6
6316	6426	6316	5375	6316	6	3613	4624	3613	3573	3613	6
6361	6462	6361	5357	6361	6	3616	4626	3616	3575	3616	6
6136	6246	6136	5735	6136	6	3136	4246	3136	3735	3136	6
6131	6242	6131	5737	6131	6	3163	4264	3163	3753	3163	6
6163	6264	6163	5753	6163	6	3161	4262	3161	3757	3161	6

HUITIÈME SÉRIE D'EXERCICES.

Étude des notes 613 614 572.

N° 1.

61316	61416	61316	57275	61316	6	31613	41614	31613	27572	31613	6
6131	6141	6131	5727	6131	6	3161	4161	3161	2757	3161	6
6136	6146	6136	5725	6136	6	3163	4164	3163	2752	3163	6
6163	6164	6163	5752	6163	6	3136	4146	3136	2725	3136	6
6316	6416	6316	5275	6316	6	3613	4614	3613	2572	3613	6
6313	6414	6313	5272	6313	6	3616	4616	3616	2575	3616	6
6361	6461	6361	5257	6361	6	3631	4641	3631	2527	3631	6

Étude des notes 361, 461, 257.

N° 2.

61636	61646	61636	57525	61636	6	36163	46164	36163	25752	36163	6
6163	6164	6163	5752	6163	6	3616	4616	3616	2575	3616	6
6136	6146	6136	5725	6136	6	3613	4614	3613	2572	3613	6
6131	6141	6131	5727	6131	6	3631	4641	3631	2527	3631	6
6361	6461	6361	5257	6361	6	3163	4164	3163	2752	3163	6
6316	6416	6316	5275	6316	6	3161	4161	3161	2757	3161	6
6313	6414	6313	5272	6313	6	3136	4146	3136	2725	3136	6

Étude des notes **631, 641, 527.**

N° 3.

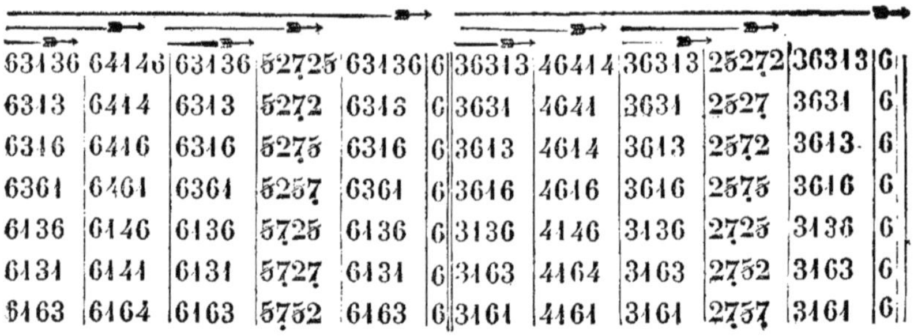

63136	64146	63136	52725	63136	6	36313	46414	36313	25272	36313	6
6313	6414	6313	5272	6313	6	3631	4641	3631	2527	3631	6
6316	6416	6316	5275	6316	6	3613	4614	3613	2572	3613	6
6361	6461	6361	5257	6361	6	3616	4616	3616	2575	3616	6
6136	6146	6136	5725	6136	6	3136	4146	3136	2725	3136	6
6131	6141	6131	5727	6131	6	3163	4164	3163	2752	3163	6
6163	6164	6163	5752	6163	6	3161	4161	3161	2757	3161	6

NEUVIÈME SÉRIE D'EXERCICES.

Étude des notes **613, 724, 513.**

N° 1.

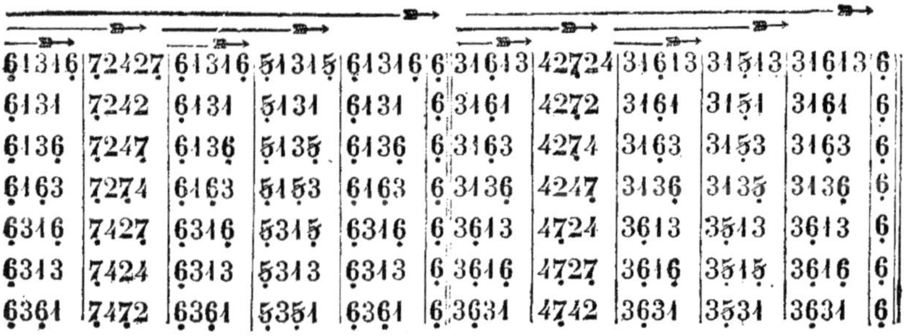

61316	72427	61316	51315	61316	6	31613	42724	31613	31513	31613	6
6131	7242	6131	5131	6131	6	3161	4272	3161	3151	3161	6
6136	7247	6136	5135	6136	6	3163	4274	3163	3153	3163	6
6163	7274	6163	5153	6163	6	3136	4247	3136	3135	3136	6
6316	7427	6316	5315	6316	6	3613	4724	3613	3513	3613	6
6313	7424	6313	5313	6313	6	3616	4727	3616	3515	3616	6
6361	7472	6361	5351	6361	6	3631	4742	3631	3531	3631	6

Étude des notes **361, 472, 351.**

N° 2.

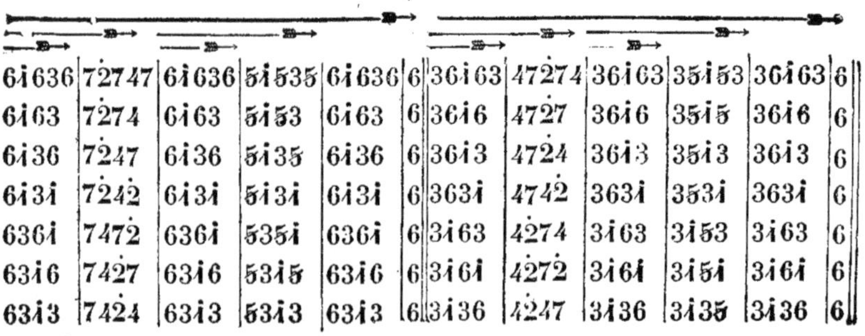

61636	72747	61636	51535	61636	6	36163	47274	36163	35153	36163	6
6163	7274	6163	5153	6163	6	3616	4727	3616	3515	3616	6
6136	7247	6136	5135	6136	6	3613	4724	3613	3513	3613	6
6131	7242	6131	5131	6131	6	3631	4742	3631	3531	3631	6
6361	7472	6361	5351	6361	6	3163	4274	3163	3153	3163	6
6316	7427	6316	5315	6316	6	3161	4272	3161	3151	3161	6
6313	7424	6313	5313	6313	6	3136	4247	3136	3135	3136	6

Étude des notes 631, 742, 531.

N° 3.

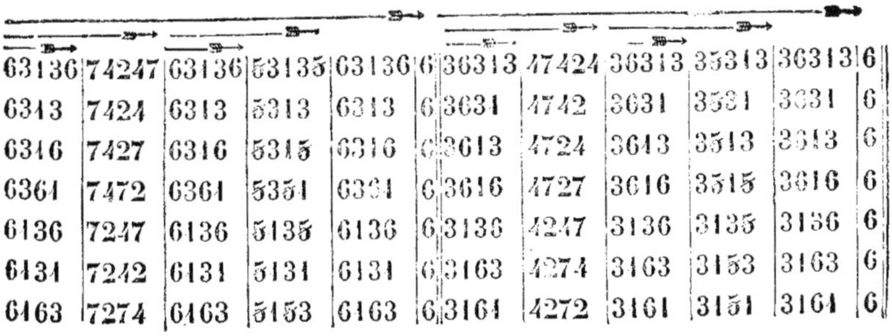

63136	74247	63136	53135	63136	6	36313	47424	36313	35313	36313	6
6313	7424	6313	5313	6313	6	3631	4742	3631	3531	3631	6
6316	7427	6316	5315	6316	6	3613	4724	3613	3513	3613	6
6361	7472	6361	5351	6361	6	3616	4727	3616	3515	3616	6
6136	7247	6136	5135	6136	6	3136	4247	3136	3135	3136	6
6131	7242	6131	5131	6131	6	3163	4274	3163	3153	3163	6
6163	7274	6163	5153	6163	6	3161	4272	3161	3151	3161	6

DIXIÈME SÉRIE D'EXERCICES.

Étude des notes 613, 6724, 5723.

N° 1.

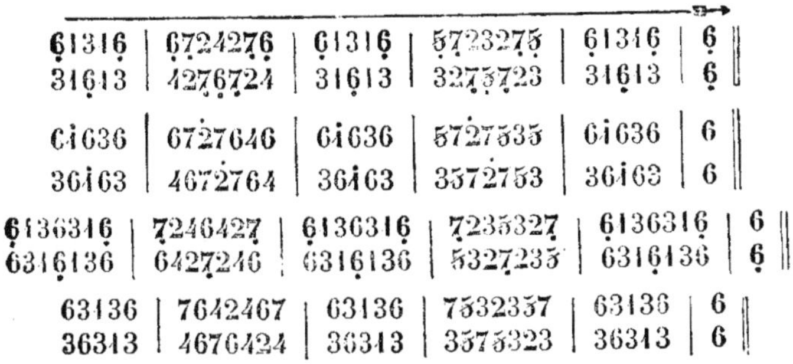

61316	6724276	61316	5723275	61316	6
31613	4276724	31613	3275723	31613	6
61636	6727646	61636	5727535	61636	6
36163	4672764	36163	3572753	36163	6
6136316	7246427	6136316	7235327	6136316	6
6316136	6427246	6316136	5327235	6316136	6
63136	7642467	63136	7532357	63136	6
36313	4676424	36313	3575323	36313	6

Étude des notes 613, 6124, 5724.

N° 2.

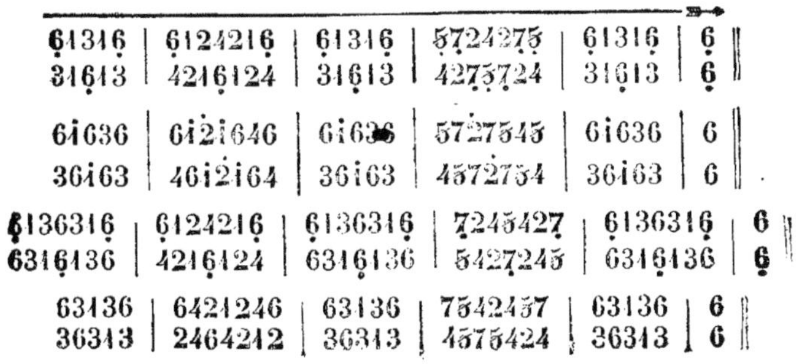

61316	6124216	61316	5724275	61316	6
31613	4216124	31613	4275724	31613	6
61636	6121646	61636	5727545	61636	6
36163	4612164	36163	4572754	36163	6
6136316	6124216	6136316	7245427	6136316	6
6316136	4216124	6316136	5427245	6316136	6
63136	6421246	63136	7542457	63136	6
36313	2464212	36313	4575424	36313	6

Étude des notes 613, 4613, 5713.

N° 3.

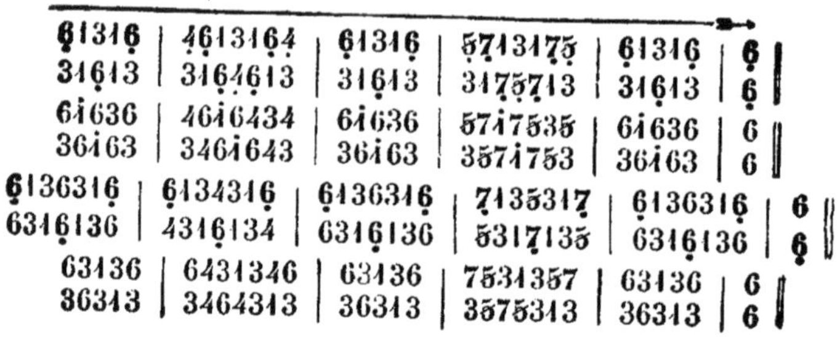

61316	4613164	61316	5713175	61316	6
31613	3164613	31613	3175713	31613	6
61636	4616434	61636	5717535	61636	6
36163	3461643	36163	3571753	36163	6
6136316	6134316	6136316	7135317	6136316	6
6316136	4316134	6316136	5317135	6316136	6
63136	6431346	63136	7531357	63136	6
36313	3464313	36313	3575313	36313	6

ONZIÈME SÉRIE D'EXERCICES.

Étude des gammes harmoniques pour l'étendue de la voix humaine.

N 1.

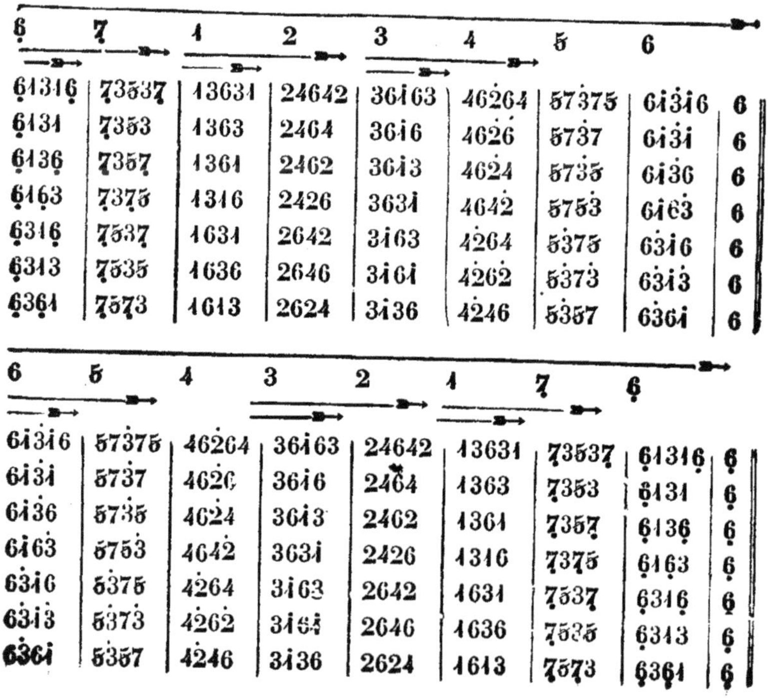

6	7	1	2	3	4	5	6	
61316	73537	13631	24642	36163	46264	57375	61316	6
6131	7353	1363	2464	3616	4626	5737	6131	6
6136	7357	1361	2462	3613	4624	5735	6136	6
6163	7375	1316	2426	3631	4642	5753	6163	6
6316	7537	1631	2642	3163	4264	5375	6316	6
6313	7535	1636	2646	3161	4262	5373	6313	6
6361	7573	1613	2624	3136	4246	5357	6361	6

6	5	4	3	2	1	7	6	
61316	57375	46264	36163	24642	13631	73537	61316	6
6131	5737	4626	3616	2464	1363	7353	6131	6
6136	5735	4624	3613	2462	1361	7357	6136	6
6163	5753	4642	3631	2426	1316	7375	6163	6
6316	5375	4264	3163	2642	1631	7537	6316	6
6313	5373	4262	3161	2646	1636	7535	6313	6
6361	5357	4246	3136	2624	1613	7573	6361	6

N° 1 *bis*

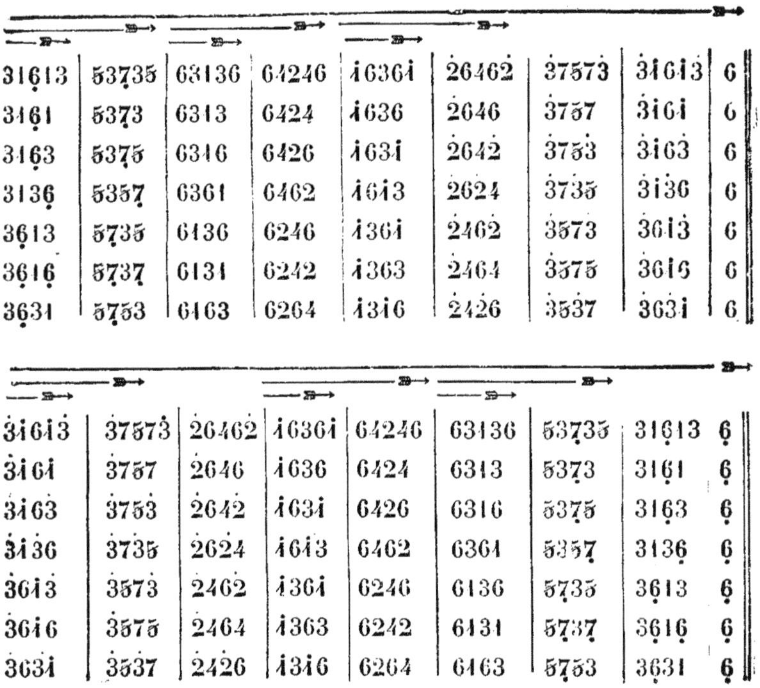

31613	53735	63136	64246	16361	26462	37573	31613	6
3161	5373	6313	6424	1636	2646	3757	3161	6
3163	5375	6316	6426	1631	2642	3753	3163	6
3136	5357	6361	6462	1613	2624	3735	3136	6
3613	5735	6136	6246	1361	2462	3573	3613	6
3616	5737	6131	6242	1363	2464	3575	3616	6
3631	5753	6163	6264	1316	2426	3537	3631	6

31613	37573	26462	16361	64246	63136	53735	31613	6
3161	3757	2646	1636	6424	6313	5373	3161	6
3163	3753	2642	1631	6426	6316	5375	3163	6
3136	3735	2624	1613	6462	6361	5357	3136	6
3613	3573	2462	1361	6246	6136	5735	3613	6
3616	3575	2464	1363	6242	6131	5737	3616	6
3631	3537	2426	1316	6264	6163	5753	3631	6

N° 2.

63136	75357	16361	26462	31613	42624	53735	63136	6
6313	7535	1636	2646	3161	4262	5373	6313	6
6316	7537	1631	2642	3163	4264	5375	6316	6
6361	7573	1613	2624	3136	4246	5357	6361	6
6136	7357	1361	2462	3613	4624	5735	6136	6
6131	7353	1363	2464	3616	4626	5737	6131	6
6163	7375	1316	2426	3631	4642	5753	6163	6

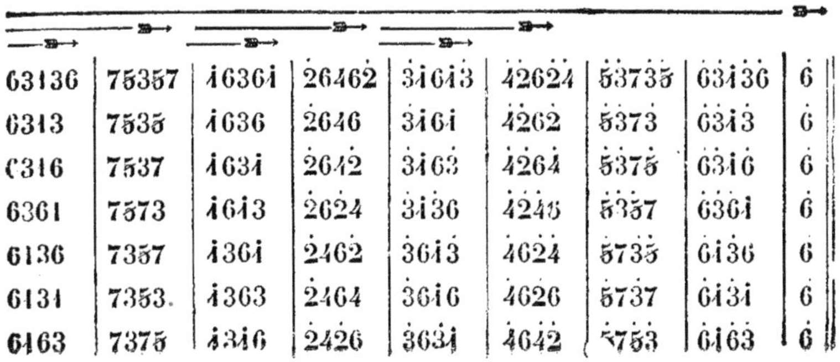

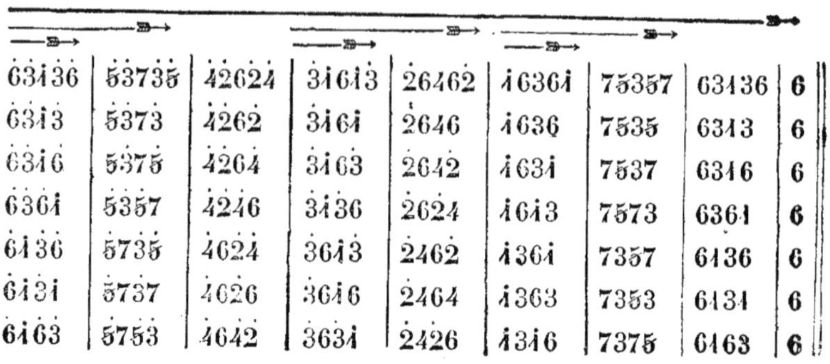

63136	53735	42624	31613	26462	16361	75357	63136	6
6313	5373	4262	3161	2646	1636	7535	6313	6
6316	5375	4264	3163	2642	1631	7537	6316	6
6361	5357	4246	3136	2624	1613	7573	6361	6
6136	5735	4624	3613	2462	1361	7357	6136	6
6131	5737	4626	3616	2464	1363	7353	6131	6
6163	5753	4642	3631	2426	1316	7375	6163	6

N° 2 *bis.*

36313	57535	61636	62646	13161	24262	35373	36313	6
3631	5753	6163	6264	1316	2426	3537	3631	6
3613	5735	6136	6246	1361	2462	3573	3613	6
3616	5737	6131	6242	1363	2464	3575	3616	6
3136	5357	6361	6462	1613	2624	3735	3136	6
3163	5375	6316	6426	1631	2642	3753	3163	6
3161	5373	6313	6424	1636	2646	3757	3161	6

36313	35373	24262	13161	62646	61636	57535	36313	6
3631	3537	2426	1316	6264	6163	5753	3631	6
3613	3573	2462	1361	6246	6136	5735	3613	6
3616	3575	2464	1363	6242	6131	5737	3616	6
3136	3735	2624	1613	6462	6361	5357	3136	6
3163	3753	2642	1631	6426	6316	5375	3163	6
3161	3757	2646	1636	6424	6313	5373	3161	6

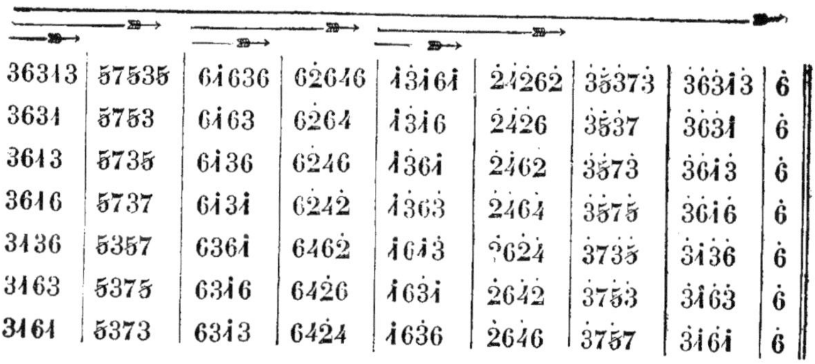

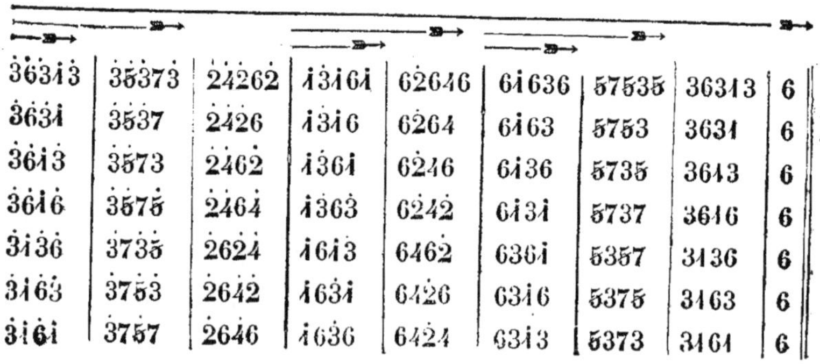

DOUZIÈME SÉRIE D'EXERCICES.

Étude des marches harmoniques pour l'étendue de la voix humaine.

65	76	17	21	32	43	54	6	64	53	42	31	27	16	75	6
64	75	16	27	31	42	53	6	63	52	41	37	26	15	74	6
63	74	15	26	37	41	52	6	62	51	47	36	25	14	73	6
62	73	14	25	36	47	51	6	61	57	46	35	24	13	72	6
61	72	13	24	35	46	57	6	67	56	45	34	23	12	71	6
67	71	12	23	34	45	56	6	66	55	44	33	22	11	77	6
66	77	11	22	33	44	55	6	65	54	43	32	21	17	76	6

TROISIÈME CLASSE

Étude des DIÈSES *et des* BÉMOLS (MODULATIONS).

DÉFINITION GÉNÉRALE DU DIÈSE.

LE DIÈSE *produit avec le son supérieur* le même air que le SI avec l'UT.

COMMENT SE MARQUE LE DIÈSE.

Le dièse, qui indique un son plus aigu que celui qu'il doit remplacer, se marque sur la note par un trait oblique tourné dans le même sens que l'*accent aigu*, ainsi : **1234567.**

COMMENT ON NOMME LES DIÈSES.

1	2	3	4	5	6	7
TÈ	RÈ	MÈ	FÈ	JÈ	LÈ	SÈ
Il remplace	Il remplace	Il remplace	Il remplace	Il remplace	Il remplace	Il remplace
UT	RÉ	MI	FA	SOL	LA	SI

On voit que chacun des *noms dièses* se compose d'une *articulation* à laquelle on ajoute la *finale* È (vérifiez).

Ces articulations sont les mêmes que celles des notes non diésées. Excepté pour le sol, dont l'articulation S, se retrouvant dans le SI, a dû être remplacée par J (vérifiez).

COMMENT ON APPREND A FAIRE LES DIÈSES

Puisque (d'après la définition générale du dièse, donnée ci-dessus) *le dièse doit produire avec le son supérieur*, le même air que le SI avec l'UT,

Il faut, pour s'habituer à faire les dièses, *chanter l'air* UT, SI, UT, *en y adaptant successivement les syllabes*

RÉ	TÈ	RÉ.
2	1	2
MI	RÈ	MI.
3	2	3
SOL	FÈ	SOL
5	4	5
LA	JÈ	LA
6	5	6
SI	LÈ	SI
7	6	7
FÈ	MÈ	FÈ.
4	3	4
TÈ	SÈ	TÈ.
1	7	1

Comme on chante, sur le même air, les différents couplets d'une chanson.

PREMIÈRE SÉRIE D'EXERCICES SUR LES DIÉSES.

COMMENT ON DOIT ÉTUDIER LES EXERCICES CI-DESSOUS.

Il faut, pour chaque ligne, répéter plusieurs fois l'air UT, SI, UT, en s'écoutant attentivement, afin d'appliquer exactement le même air aux autres syllabes que l'on répétera aussi plusieurs fois de suite, afin de retenir l'effet qu'elles produisent. Recommencez cet exercice jusqu'à ce que vous vous soyez rendu assez maître des dièses pour les produire, au moyen de la note supérieure, sans avoir besoin de chanter UT, SI, UT, pour vous guider.

1° Chantez 171
2° Chantez 171
3° Chantez 171
4° Chantez 171
5° Chantez 171
6° Chantez 171
7° Chantez 171

Chantez ensuite sur le même air, c'est-à-dire, avec les mêmes sons, les syllabes :

RÉ TÈ RÉ 212
MI RÈ MI 323
SOL FÈ SOL 545
LA JÈ LA 656
SI LÈ SI 767
FÈ MÈ FÈ 434
TÈ SÈ TÈ 171

DÉFINITION GÉNÉRALE DU BÉMOL.

Le bémol *produit avec le son inférieur* le même air que le **fa avec le mi.**

COMMENT SE MARQUE LE BÉMOL.

Le bémol, qui indique un son plus grave que celui qu'il doit remplacer, se marque sur la note par un trait oblique tourné dans le même sens que l'*accent grave*, ainsi : 1 2 3 4 5 6 7.

COMMENT ON NOMME LES BÉMOLS.

1	2	3	4	5	6	7
TEU	REU	MEU	FEU	JEU	LEU	SEU
Il remplace	Il remplace	Il remplace	Il remplace	Il remplace	Il remplace	Il remplace
UT	RÉ	MI	FA	SOL	LA	SI

On voit que chacun des *noms bémols* se compose d'une *articulation* à laquelle on ajoute la *finale* EU (vérifiez).

Ces articulations sont les mêmes que celles des notes non bémolisées ; excepté pour le sol, dont l'articulation S, se retrouvant dans le SI, a dû être remplacée par J (vérifiez).

COMMENT ON APPREND A FAIRE LES BÉMOLS.

Puisque (d'après la définition générale du bémol donnée ci-dessus) *le bémol doit produire avec le son inférieur*, le même air que le FA avec le MI,

Il faut, pour s'habituer à faire les bémols, *chanter l'air* MI, FA, MI, *en y adaptant successivement les syllabes*

UT 1	REU 2	UT. 1
RÉ 2	MEU 3	RÉ. 2
FA 4	JEU 5	FA. 4
SOL 5	LEU 6	SOL 5
LA 6	SEU 7	LA. 6
SEU 7	TEU 1	SEU. 7
MEU 3	FEU 4	MEU 3

Comme on chante, sur le même air, les différents couplets d'une chanson.

PREMIERE SÉRIE D'EXERCICES SUR LES BÉMOLS.

COMMENT ON DOIT ÉTUDIER LES EXERCICES CI-DESSOUS.

Il faut, pour chaque ligne, répéter plusieurs fois l'air MI, FA, MI, en s'écoutant attentivement pour appliquer exactement le même air aux autres syllabes, que l'on répétera aussi plusieurs fois de suite, afin de retenir l'effet qu'elles produisent. Recommencez cet exercice jusqu'à ce que vous vous soyez rendu assez maître des bémols pour les produire, au moyen de la note inférieure, sans avoir besoin de chanter MI, FA, MI, pour vous guider.

1° Chantez 343	Chantez ensuite sur le même air, c est-à-dire, avec les mêmes sons, les syllabes :	UT REU UT 121
2° Chantez 343		RÉ MEU RÉ 232
3° Chantez 343		FA JEU FA 454
4° Chantez 343		SOL LEU SOL 565
5° Chantez 343		LA SEU LA 676
6° Chantez 343		SEU TEU SEU 7̇17̇
7° Chantez 343		MEU FEU MEU 343

DEUXIÈME SÉRIE D'EXERCICES.

Étude des DIÈSES *et des* BÉMOLS *en montant et en descendant la gamme.*

PREMIER GROUPE.

DIÈSES.

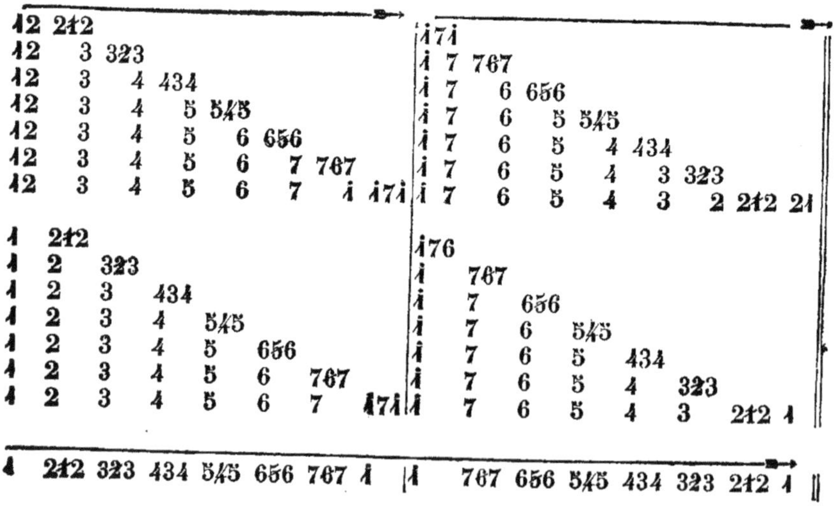

12	212							1̇71̇								
12	3	323						1̇	7	767						
12	3	4	434					1̇	7	6	656					
12	3	4	5	545				1̇	7	6	5	545				
12	3	4	5	6	656			1̇	7	6	5	4	434			
12	3	4	5	6	7	767		1̇	7	6	5	4	3	323		
12	3	4	5	6	7	1̇	1̇71̇	1̇	7	6	5	4	3	2	212	21

1	212							1̇76							
1	2	323						1̇	767						
1	2	3	434					1̇	7	656					
1	2	3	4	545				1̇	7	6	545				
1	2	3	4	5	656			1̇	7	6	5	434			
1	2	3	4	5	6	767		1̇	7	6	5	4	323		
1	2	3	4	5	6	7	1̇71̇	1̇	7	6	5	4	3	212	1

1 212 323 434 545 656 767 1̇ | 1̇ 767 656 545 434 323 212 1 ||

DEUXIÈME GROUPE.

BÉMOLS.

121	17 717
1 2 232	17 6 676
1 2 3 343	17 6 5 565
1 2 3 4 454	17 6 5 4 454
1 2 3 4 5 565	17 6 5 4 3 343
1 2 3 4 5 6 676	17 6 5 4 3 2 232
1 2 3 4 5 6 7 717 71	17 6 5 4 3 2 1 121

121	1 717
1 232	1 7 676
1 2 343	1 7 6 565
1 2 3 454	1 7 6 5 454
1 2 3 4 565	1 7 6 5 4 343
1 2 3 4 5 676	1 7 6 5 4 3 232
1 2 3 4 5 6 717 1	1 7 6 5 4 3 2 121

121 232 343 454 565 676 717 1	1 717 676 565 454 343 232 121

TROISIÈME GROUPE.

DIÈSES et BÉMOLS alternativement.

121	171
1 2 212	17 717
1 2 232	17 767
1 2 3 323	17 7 6 676
1 2 3 343	17 6 656
1 2 3 4 434	17 6 5 565
1 2 3 4 454	17 6 5 545
1 2 3 4 5 545	17 6 5 4 454
1 2 3 4 5 565	17 6 5 4 434
1 2 3 4 5 6 656	17 6 5 4 3 343
1 2 3 4 5 6 676	17 6 5 4 3 323
1 2 3 4 5 6 7 767	17 6 5 4 3 2 232
1 2 3 4 5 6 7 717	17 6 5 4 3 2 212
1 2 3 4 5 6 7 1 171	17 6 5 4 3 2 1 1

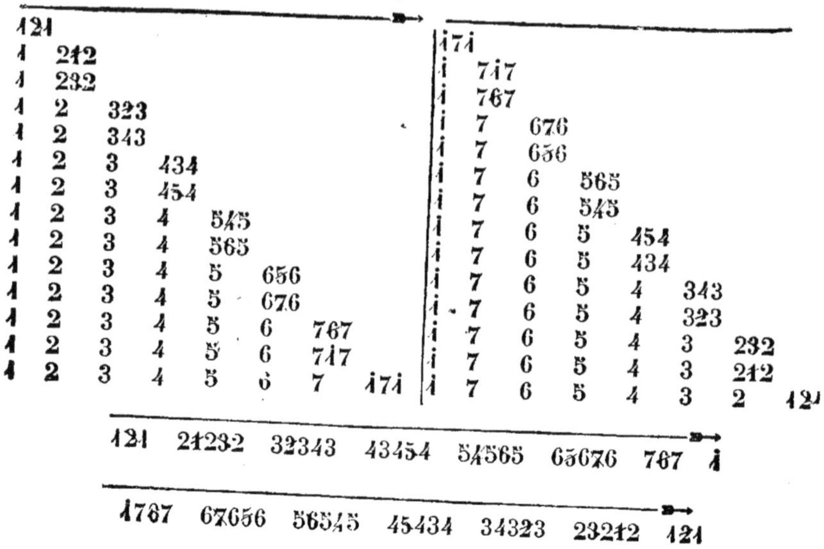

121
1 212
1 232
1 2 323
1 2 343
1 2 3 434
1 2 3 454
1 2 3 4 545
1 2 3 4 565
1 2 3 4 5 656
1 2 3 4 5 676
1 2 3 4 5 6 767
1 2 3 4 5 6 717
1 2 3 4 5 6 7 171

171
1 717
1 767
1 7 676
1 7 656
1 7 6 565
1 7 6 545
1 7 6 5 454
1 7 6 5 434
1 7 6 5 4 343
1 7 6 5 4 323
1 7 6 5 4 3 232
1 7 6 5 4 3 212
1 7 6 5 4 3 2 121

121 21232 32343 43454 54565 65676 767 1

1767 67656 56545 45434 34323 23212 121

TROISIÈME SÉRIE D'EXERCICES.

ÉTUDE DU FA DIÈSE.

PREMIER GROUPE.

FA DIÈSE accidentel (1) pris EN DESCENDANT.

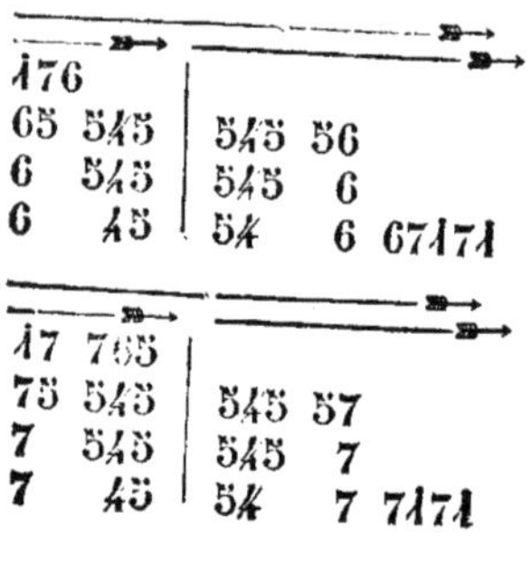

176
65 545 | 545 56
6 545 | 545 6
6 45 | 54 6 67171

17 765
75 545 | 545 57
7 545 | 545 7
7 45 | 54 7 7171

ÉTUDE DU SI BÉMOL.

PREMIER GROUPE.

SI BÉMOL accidentel pris EN MONTANT.

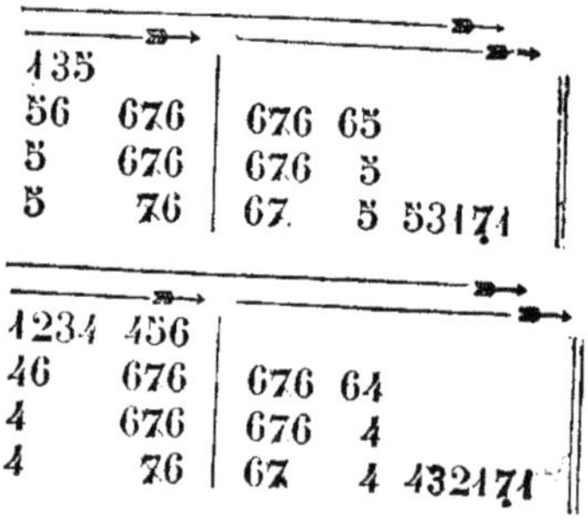

135
56 676 | 676 65
5 676 | 676 5
5 76 | 67 5 53171

1234 456
46 676 | 676 64
4 676 | 676 4
4 76 | 67 4 432171

(1) *Voir* la signification de ce mot dans la partie théorique.

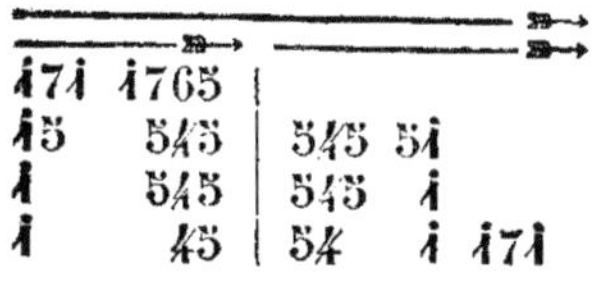

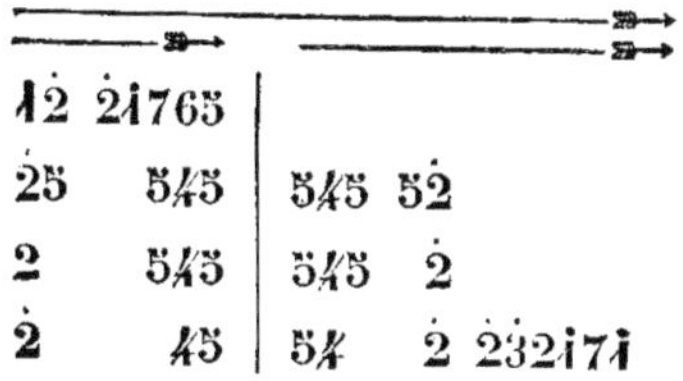

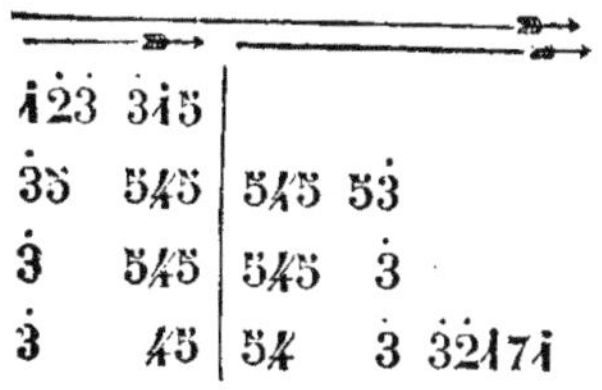

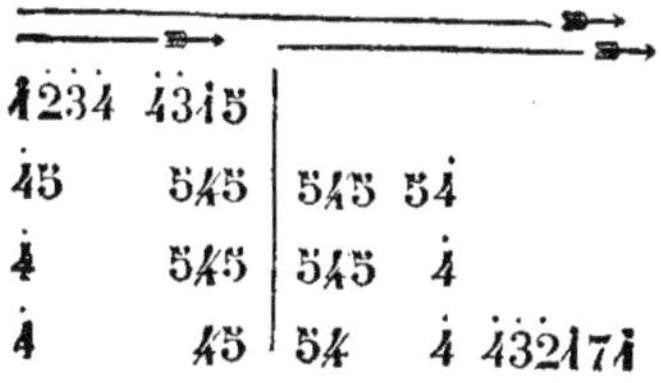

171 1765
15 545 | 545 51
1 545 | 545 1
1 45 | 54 1 171

12 21765
25 545 | 545 52
2 545 | 545 2
2 45 | 54 2 232171

123 345
35 545 | 545 53
3 545 | 545 3
3 45 | 54 3 32171

1234 4345
45 545 | 545 54
4 545 | 545 4
4 45 | 54 4 432171

DEUXIÈME GROUPE.

FA DIÈSE accidentel pris EN MONTANT.

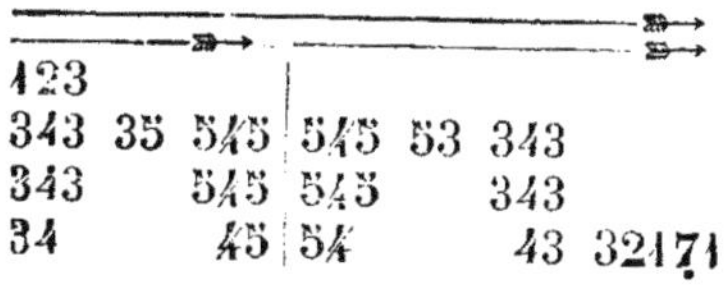

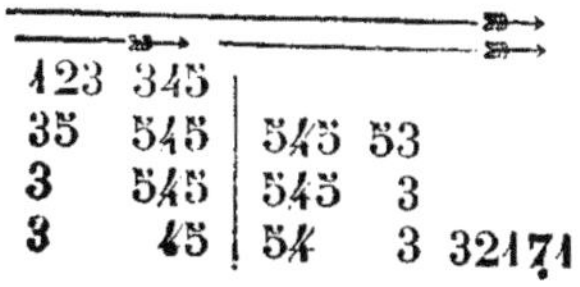

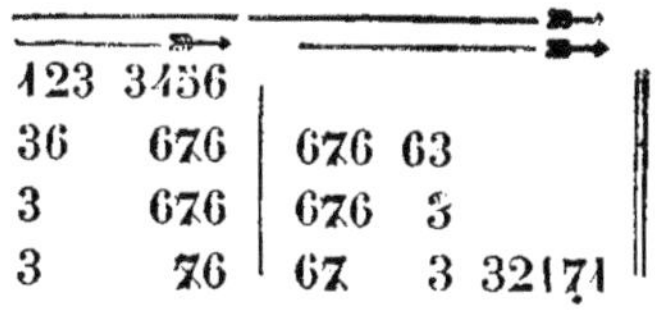

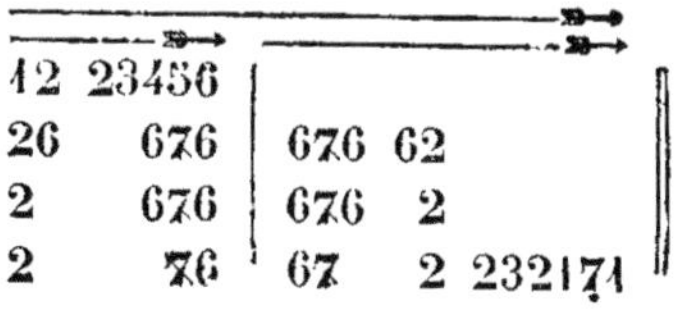

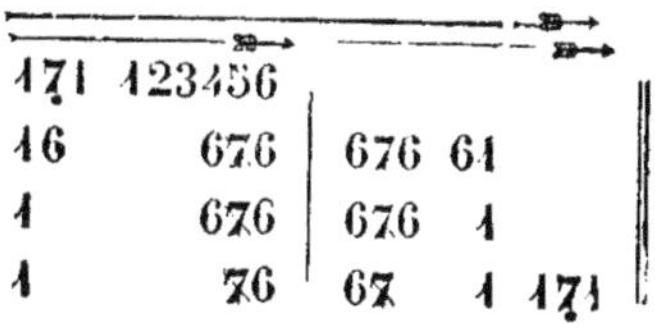

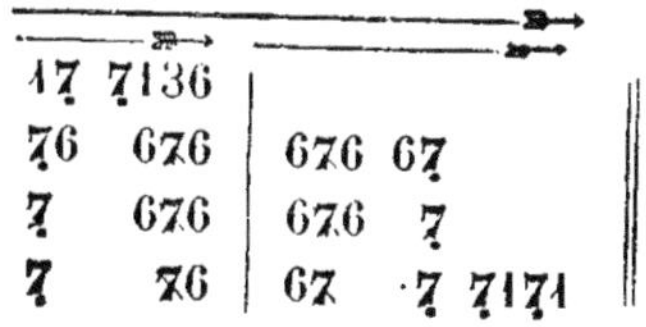

123
343 35 545 | 545 53 343
343 545 | 545 343
34 45 | 54 43 32171

123 345
35 545 | 545 53
3 545 | 545 3
3 45 | 54 3 32171

123 3456
36 676 | 676 63
3 676 | 676 3
3 76 | 67 3 32171

12 23456
26 676 | 676 62
2 676 | 676 2
2 76 | 67 2 232171

171 123456
16 676 | 676 61
1 676 | 676 1
1 76 | 67 1 171

17 7136
76 676 | 676 67
7 676 | 676 7
7 76 | 67 7 7171

DEUXIÈME GROUPE.

SI BÉMOL accidentel pris EN DESCENDANT.

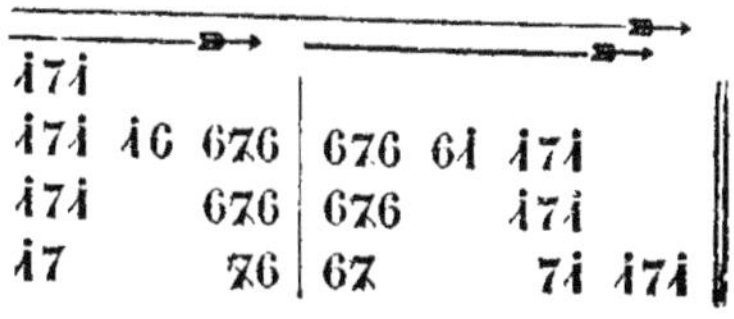

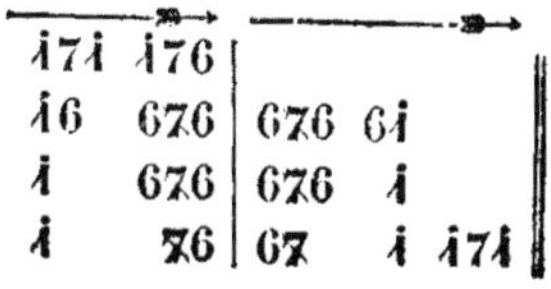

171
171 16 676 | 676 61 171
171 676 | 676 171
17 76 | 67 71 171

171 176
16 676 | 676 61
1 676 | 676 1
1 76 | 67 1 171

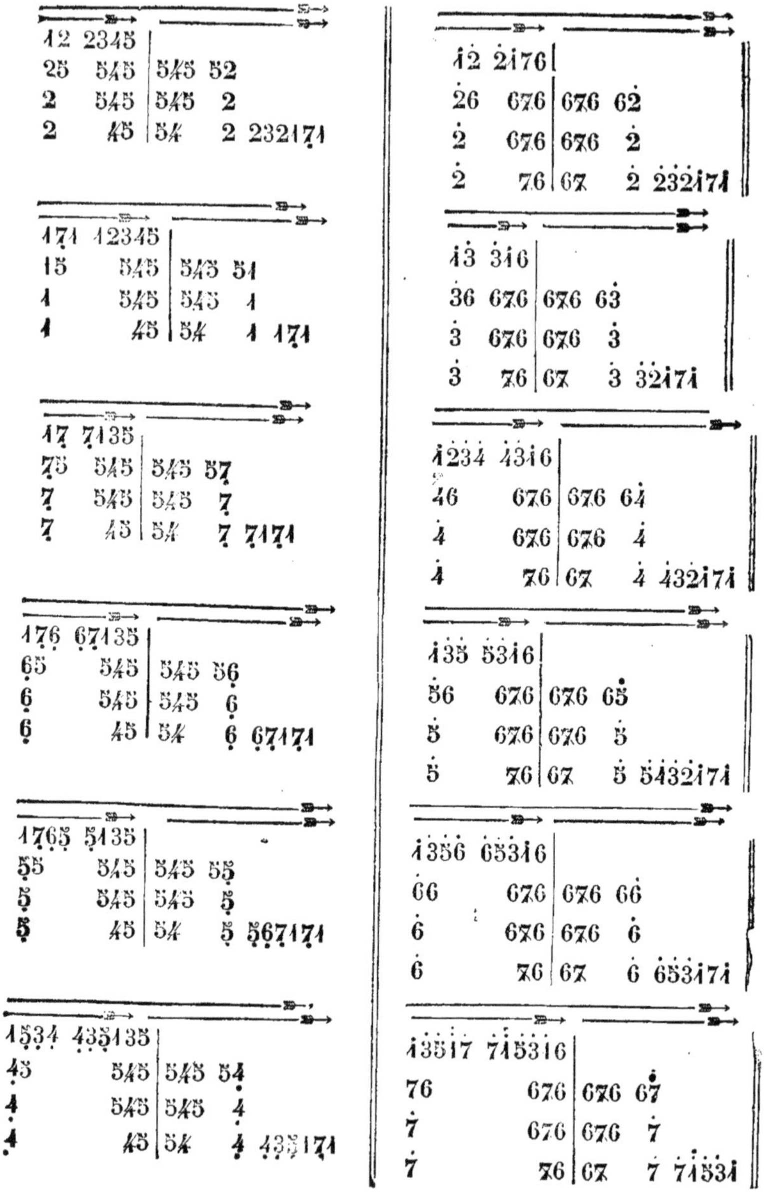

12 2345
25 545 | 545 52
2 545 | 545 2
2 45 | 54 2 232171

171 12345
15 545 | 545 51
1 545 | 545 1
1 45 | 54 1 171

17 7135
75 545 | 545 57
7 545 | 545 7
7 45 | 54 7 7171

176 67135
65 545 | 545 56
6 545 | 545 6
6 45 | 54 6 67171

1765 5135
55 545 | 545 55
5 545 | 545 5
5 45 | 54 5 567171

1534 435135
45 545 | 545 54
4 545 | 545 4
4 45 | 54 4 435171

12 2176
26 676 | 676 62
2 676 | 676 2
2 76 | 67 2 232171

13 316
36 676 | 676 63
3 676 | 676 3
3 76 | 67 3 32171

1234 4316
46 676 | 676 64
4 676 | 676 4
4 76 | 67 4 432171

135 5316
56 676 | 676 65
5 676 | 676 5
5 76 | 67 5 5432171

1356 65316
66 676 | 676 66
6 676 | 676 6
6 76 | 67 6 653171

13517 715316
76 676 | 676 67
7 676 | 676 7
7 76 | 67 7 71531

TROISIÈME GROUPE

FA DIÈSE et SI BÉMOL accidentels.

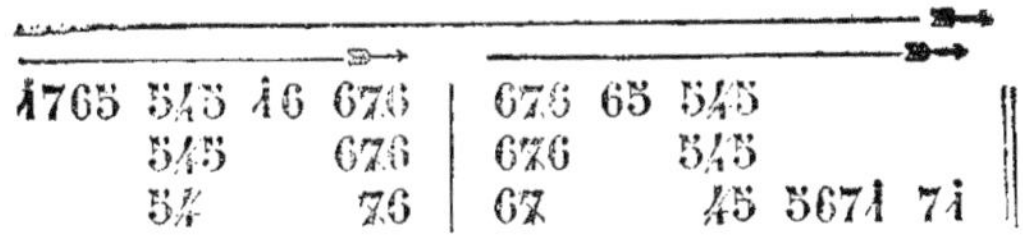

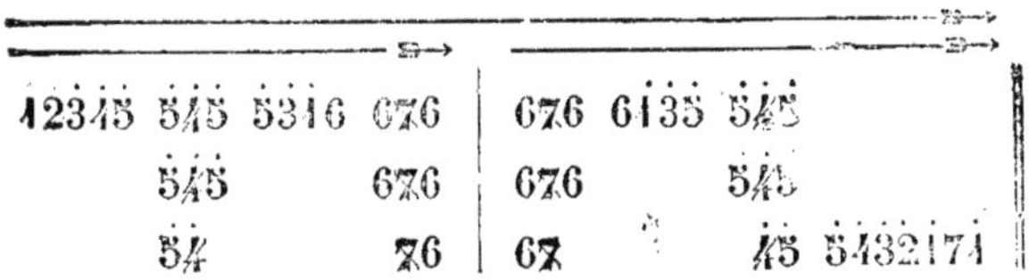

```
1765 545 16 676 | 676 65 545
     545    676 | 676    545
     54      76 | 67      45 5671 71 ||

12345 545 5316 676 | 676 6135 545
      545      676 | 676      545
      54        76 | 67        45 5432171 ||
```

QUATRIÈME GROUPE.

FA DIÈSE fondamental (1) PAR DEGRÉS CONJOINTS.

Étude de 23456 65432.

Première partie de la gamme de RÉ, MODE MAJEUR;
Accompagnée de celle de RÉ, MODE MINEUR.

COMMENT ON DOIT FAIRE CETTE ÉTUDE.

1° Chantez plusieurs fois de suite, en vous écoutant avec soin, les notes 12345 54321.

2° Chantez ensuite, en vous écoutant encore avec soin, les notes 23456 65432 sur l'air 12345 54321. Répétez cet exercice jusqu'à ce que vous vous soyez rendu maître de l'air 23456 65432, au point de le reproduire très-fidèlement sans avoir besoin de chanter 12345 54321 pour vous guider.

QUATRIÈME GROUPE.

SI BÉMOL fondamental PAR DEGRÉS CONJOINTS.

Étude de 56712 21765.

Première partie de la gamme de SOL, MODE MINEUR;
Accompagnée de celle de SOL, MODE MAJEUR.

COMMENT ON DOIT FAIRE CETTE ÉTUDE.

1° Chantez plusieurs fois de suite, en vous écoutant avec soin, les notes 67123 32176.

2° Chantez ensuite, en vous écoutant encore avec soin, les notes 567 21765, sur l'air 67123 32176. Répétez cet exercice jusqu'à ce que vous vous soyez rendu maître de l'air 56712 21765, au point de pouvoir le reproduire fidèlement sans avoir besoin de chanter 67123 32176 pour vous guider.

---

(1) *Voir* la signification de ce mot dans la partie théorique, page 284.

Observation. Dorénavant, nous supprimerons toute explication du genre de celle qui précède, et nous nous bornerons à écrire le mot MODÈLE au-dessus des parties de la GAMME D'UT, MODE MAJEUR, et de la GAMME DE LA, MODE MINEUR, qui devront servir de patron aux parties des différentes gammes que l'on devra étudier. Il faudra toujours suivre pour cette étude, les instructions que nous venons de donner immédiatement avant cette observation. IL IMPORTE DONC DE S'EN BIEN PÉNÉTRER.

MODÈLES.

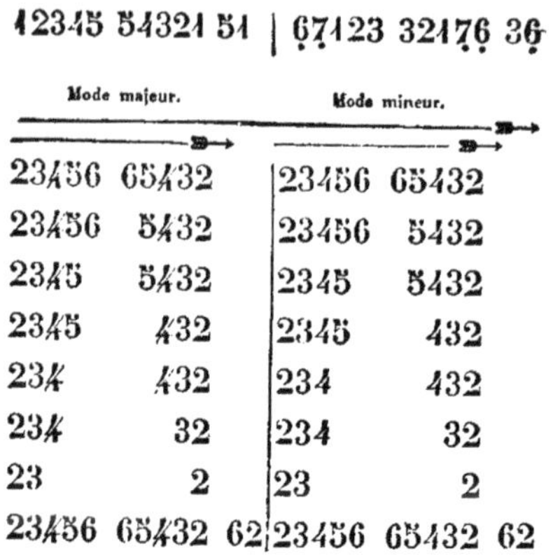

12345 54321 51 | 67123 32176 36

Mode majeur.	Mode mineur.
23456 65432	23456 65432
23456 5432	23456 5432
2345 5432	2345 5432
2345 432	2345 432
234 432	234 432
234 32	234 32
23 2	23 2
23456 65432 62	23456 65432 62

Étude de 34567 76543.

Première partie de la gamme de MI, MODE MINEUR.

MODÈLE.

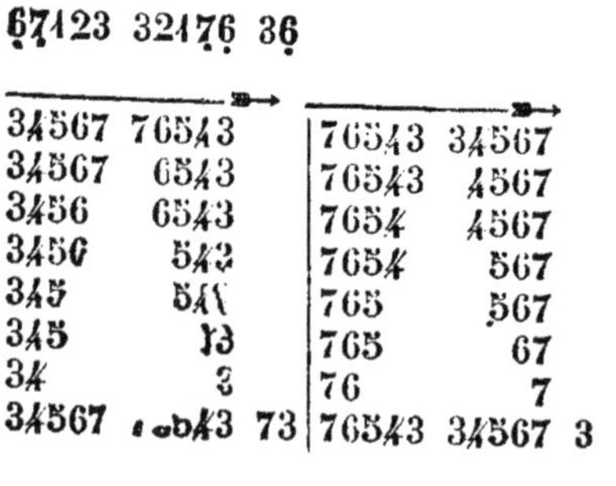

67123 32176 36

34567 76543	76543 34567
34567 6543	76543 4567
3456 6543	7654 4567
3456 543	7654 567
345 543	765 567
345 43	765 67
34 3	76 7
34567 76543 73	76543 34567 3

MODÈLES.

67123 32176 36 | 12345 54321 51

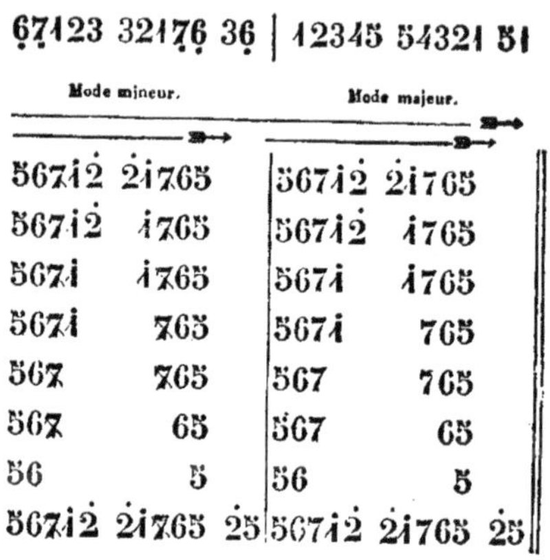

Mode mineur.	Mode majeur.
56712 21765	56712 21765
56712 1765	56712 1765
5671 1765	5671 1765
5671 765	5671 765
567 765	567 765
567 65	567 65
56 5	56 5
56712 21765 25	56712 21765 25

Étude de 45671 17654.

Première partie de la gamme de FA, MODE MAJEUR.

MODÈLE.

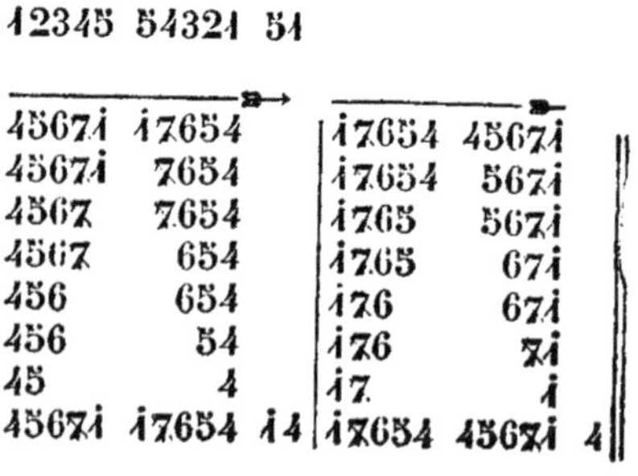

12345 54321 51

45671 17654	17654 45671
45671 7654	17654 5671
4567 7654	1765 5671
4567 654	1765 671
456 654	176 671
456 54	176 71
45 4	17 1
45671 17654 14	17654 45671 4

Étude de 5432 2345.

Deuxième partie de la gamme de SOL MODE MAJEUR.

MODÈLE.

1765 5671 51

5432 2345	2345 5432
5432 345	2345 432
543 345	234 432
543 45	234 32
54 5	23 2
5432 2345 25	2345 5432 5

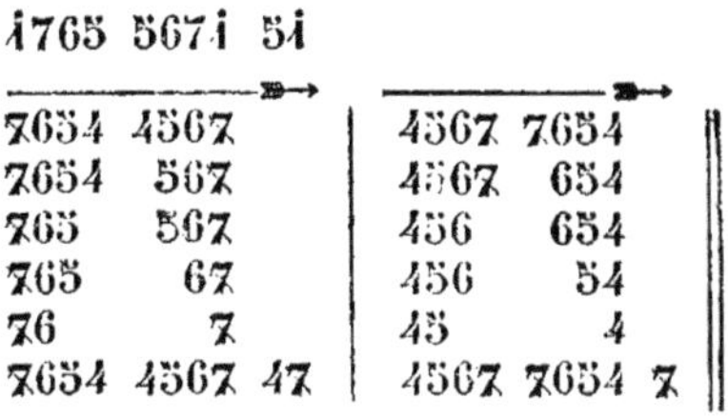

CINQUIÈME GROUPE.

FA DIÈSE fondamental par **DEGRÉS DISJOINTS.**

Étude de 2462 2642.

Accord de quinte de tonique de RÉ, MODE MAJEUR;
Accompagné de celui de RÉ, MODE MINEUR.

MODÈLES.

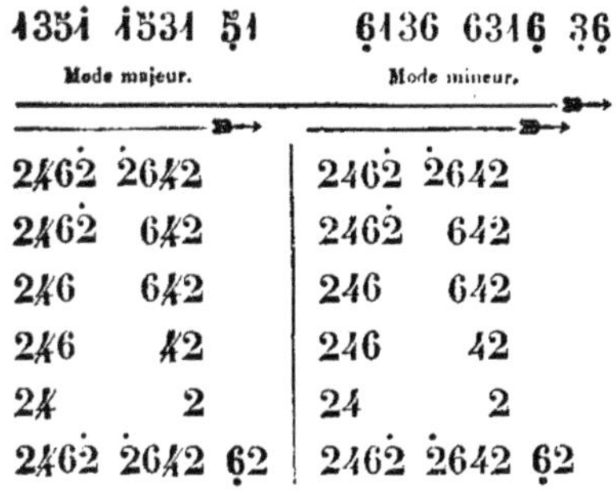

1351 1531 51 (Mode majeur.) — 6136 6316 36 (Mode mineur.)

2462 2642	2462 2642
2462 642	2462 642
246 642	246 642
246 42	246 42
24 2	24 2
2462 2642 62	2462 2642 62

Étude de 2461 1642.

Accord de septième de dominante de SOL | MODE MAJEUR. MODE MINEUR.

MODÈLE.

5724 4275 1

2461 1642	1642 2461
2461 642	1642 461
246 642	164 461
246 42	164 61
24 2	16 1
2461 1642 5	1642 24616425

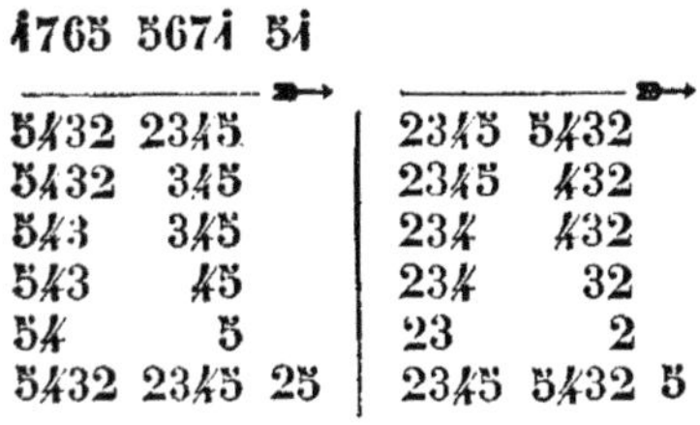

Étude de 7654 4567.

Deuxième partie de la gamme de SI BÉMOL, MODE MAJEUR.

MODÈLE.

1765 5671 51

7654 4567	4567 7654
7654 567	4567 654
765 567	456 654
765 67	456 54
76 7	45 4
7654 4567 47	4567 7654 7

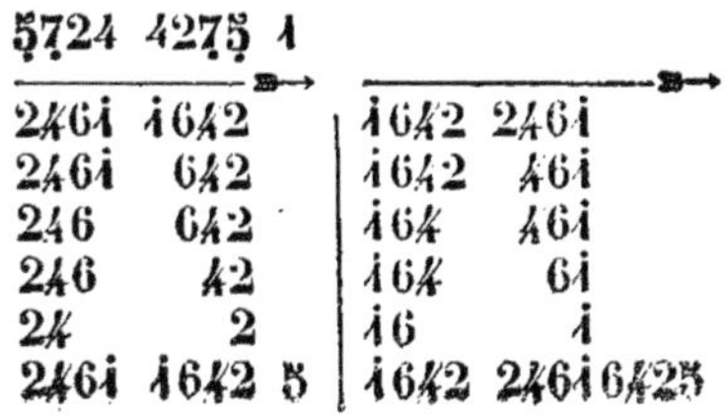

CINQUIÈME GROUPE.

SI BÉMOL fondamental par **DEGRÉS DISJOINTS.**

Étude de 5725 5275.

**Accord de quinte de tonique de SOL, MODE MINEUR;
Accompagné de celui de SOL, MODE MAJEUR.**

MODÈLES.

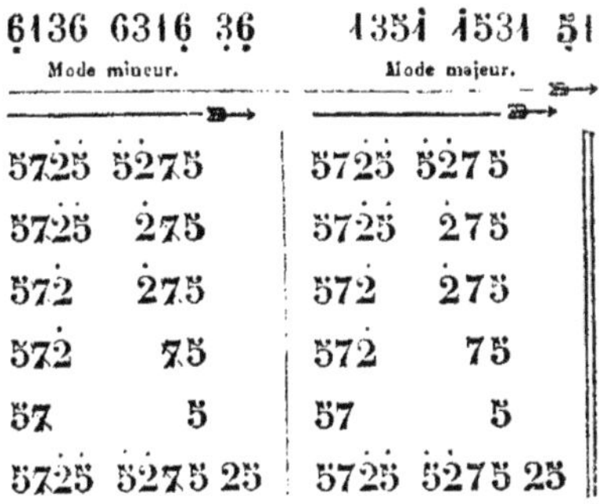

6136 6316 36 (Mode mineur.) — 1351 1531 51 (Mode majeur.)

5725 5275	5725 5275
5725 275	5725 275
572 275	572 275
572 75	572 75
57 5	57 5
5725 5275 25	5725 5275 25

Étude de 1357 7531.

Accord de septième de dominante de FA | MODE MAJEUR. MODE MINEUR.

MODÈLE.

5724 4275 1

1357 7531	7531 1357
1357 531	7531 357
135 531	753 357
135 31	753 57
13 1	75 7
1357 7531 4	7531 13575314

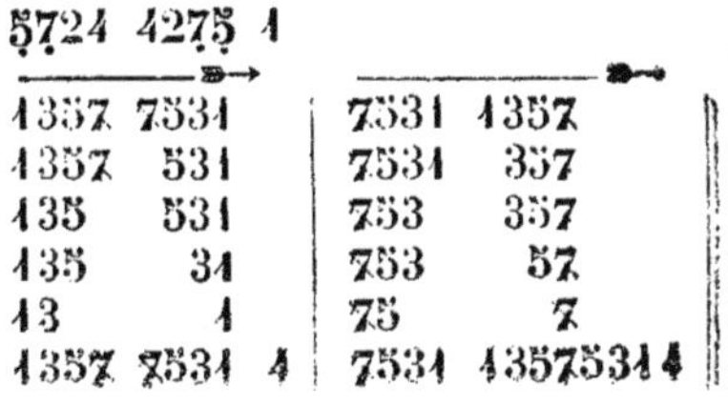

Étude de 7247 7427.

Accord de quinte de tonique de SI, MODE MINEUR.

MODÈLE.

6136 6316 36

7247 7427	7427 7247
7247 427	7427 247
724 427	742 247
724 27	742 47
72 7	74 7
7247 742747	7427 7247427 47

Étude de 7247 7427.

Accord de quinte de tonique de SI MINEUR, MODE MAJEUR.

MODÈLE.

1351 1531 51

7247 7427	7427 7247
7247 427	7427 247
724 427	742 247
724 27	742 47
72 7	74 7
7247 7427 47	7427 724742747

QUATRIÈME SÉRIE D'EXERCICES.

ÉTUDE DE L'UT DIÈSE.

PREMIER GROUPE.

UT DIÈSE accidentel pris EN DESCENDANT.

123	
32 212	212 23
3 212	212 3
3 12	21 3 32171

1234 432	
42 212	212 24
4 212	212 4
4 12	21 4 432171

135 5432	
52 212	212 25
5 212	212 5
5 12	21 5 5432171

1356 65432	
62 212	212 26
6 212	212 6
6 12	21 6 65432171

ÉTUDE DU MI BÉMOL.

PREMIER GROUPE.

MI BÉMOL accidentel pris EN MONTANT.

171	
12 232	232 21
1 232	232 1
1 32	23 1 171

17 712	
72 232	232 27
7 232	232 7
7 32	23 7 7171

176 6712	
62 232	232 26
6 232	232 6
6 32	23 6 67171

1765 56712	
52 232	232 25
5 232	232 5
5 32	23 5 567171

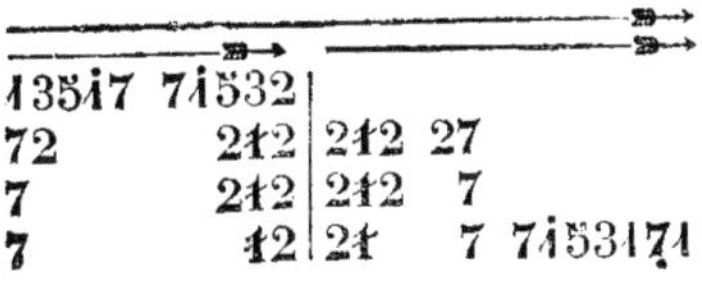

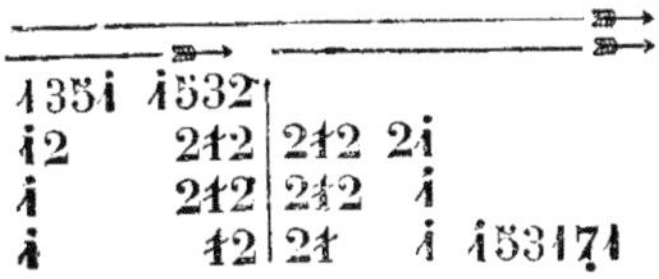

13517 71532
72 212 | 212 27
7 212 | 212 7
7 12 | 21 7 7153171

1351 1532
12 212 | 212 21
1 212 | 212 1
1 12 | 21 1 153171

12 2754
42 232 | 232 24
4 232 | 232 4
4 32 | 23 4 4346171

153 3512
32 232 | 232 23
3 232 | 232 3
3 32 | 23 3 35171

DEUXIÈME GROUPE.

UT DIÈSE accidentel pris EN MONTANT.

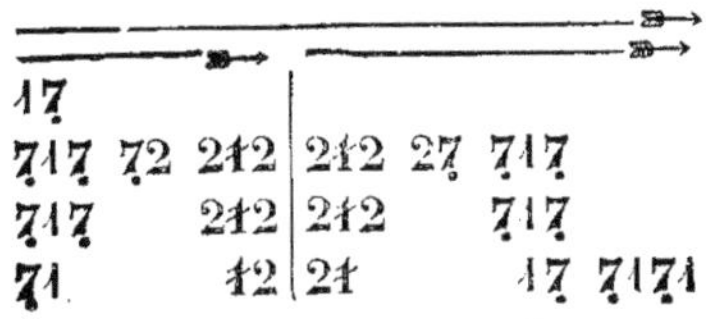

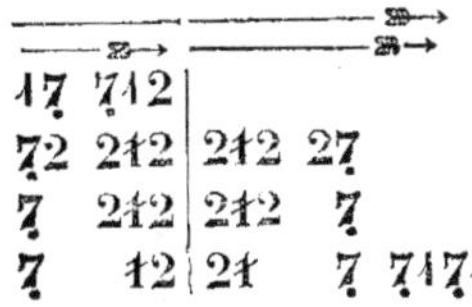

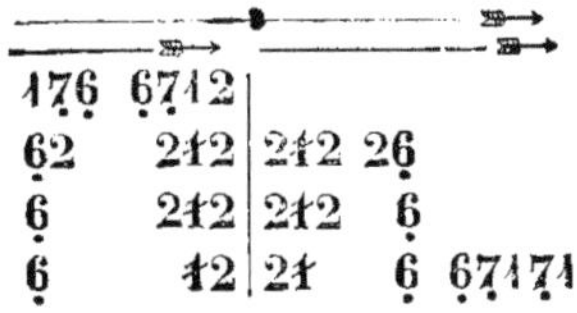

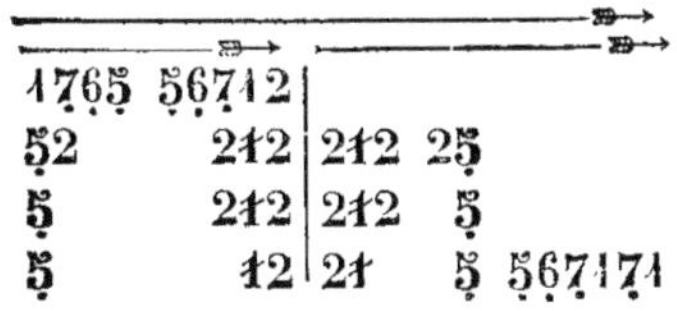

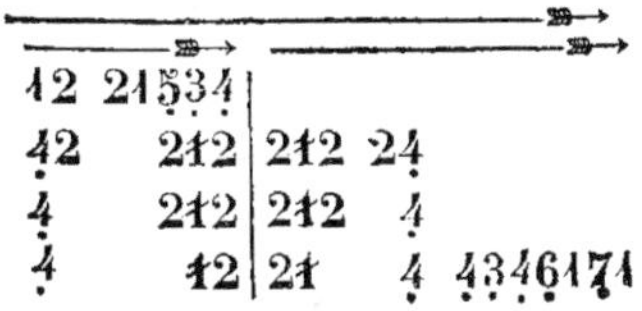

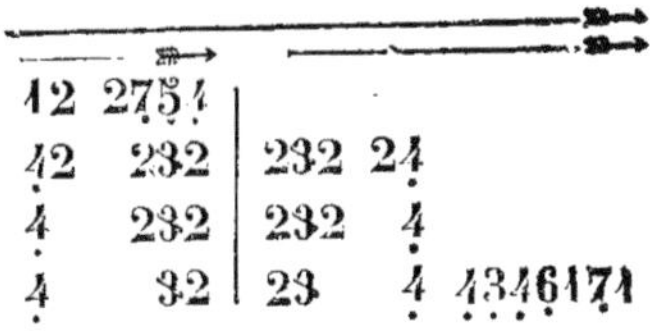

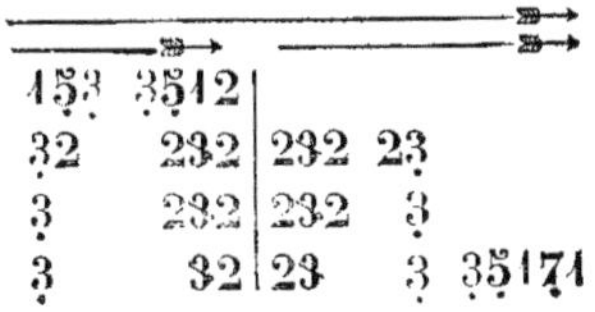

17
717 72 212 | 212 27 717
717 212 | 212 717
71 12 | 21 17 7171

17 712
72 212 | 212 27
7 212 | 212 7
7 12 | 21 7 7171

176 6712
62 212 | 212 26
6 212 | 212 6
6 12 | 21 6 67171

1765 56712
52 212 | 212 25
5 212 | 212 5
5 12 | 21 5 567171

12 21534
42 212 | 212 24
4 212 | 212 4
4 12 | 21 4 4346171

DEUXIÈME GROUPE.

MI BÉMOL accidentel pris EN DESCENDANT.

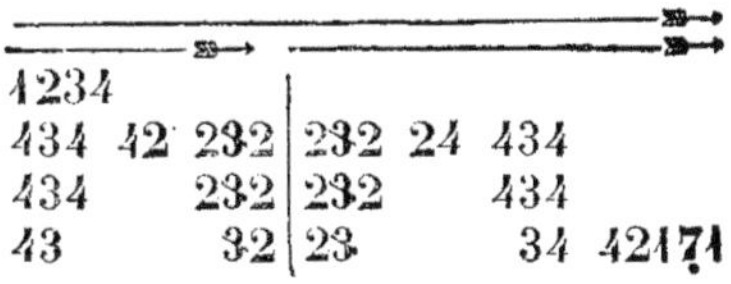

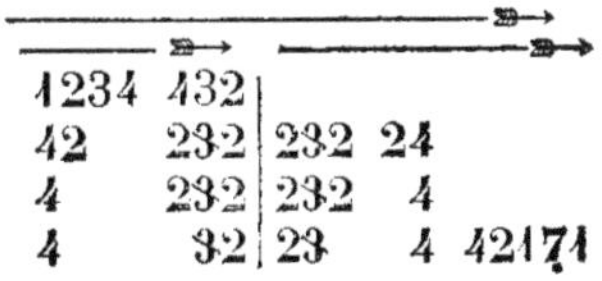

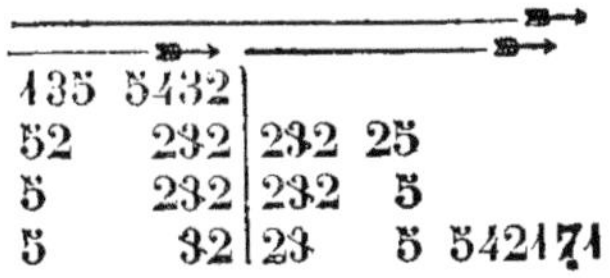

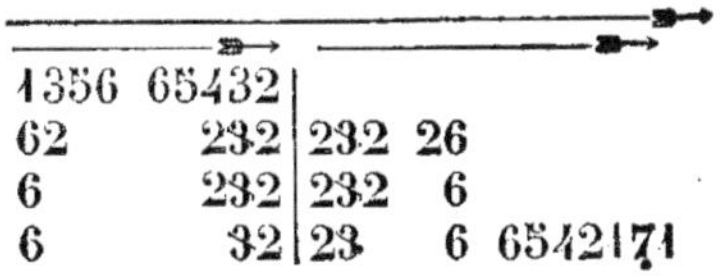

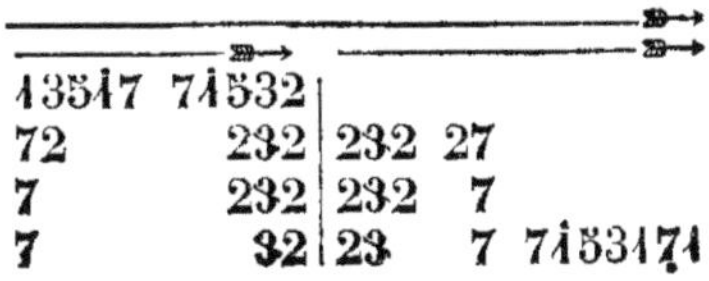

1234
434 42 232 | 232 24 434
434 232 | 232 434
43 32 | 23 34 42171

1234 432
42 232 | 232 24
4 232 | 232 4
4 32 | 23 4 42171

135 5432
52 232 | 232 25
5 232 | 232 5
5 32 | 23 5 542171

1356 65432
62 232 | 232 26
6 232 | 232 6
6 32 | 23 6 6542171

13517 71532
72 232 | 232 27
7 232 | 232 7
7 32 | 23 7 7153171

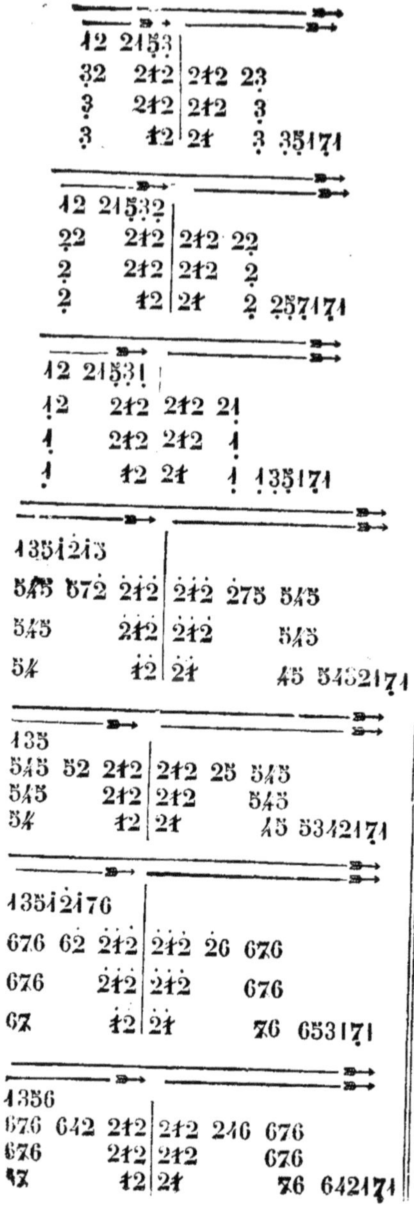

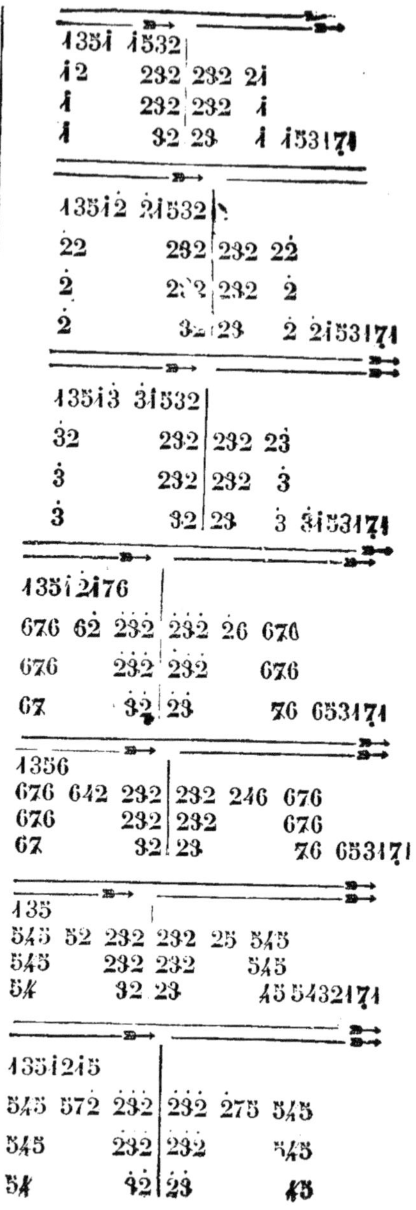

12 21533
32 212 | 212 23
3 212 | 212 3
3 12 | 21 3 35171

12 21532
22 212 | 212 22
2 212 | 212 2
2 12 | 21 2 257171

12 21531
12 212 212 21
1 212 212 1
1 12 21 1 135171

1351215
545 572 212 | 212 275 545
545 212 | 212 545
54 12 | 21 45 5432171

135
545 52 212 | 212 25 545
545 212 | 212 545
54 12 | 21 45 5342171

1351 2176
676 62 212 | 212 26 676
676 212 | 212 676
67 12 | 21 76 653171

1356
676 642 212 | 212 246 676
676 212 | 212 676
67 12 | 21 76 642171

1351 1532
12 232 | 232 21
1 232 | 232 1
1 32 | 23 1 153171

13512 21532
22 232 | 232 22
2 232 | 232 2
2 32 | 23 2 2153171

13513 31532
32 232 | 232 23
3 232 | 232 3
3 32 | 23 3 3153171

1351 2176
676 62 232 | 232 26 676
676 232 | 232 676
67 32 | 23 76 653171

1356
676 642 232 | 232 246 676
676 232 | 232 676
67 32 | 23 76 653171

135
545 52 232 232 25 545
545 232 232 545
54 32 23 45 5432171

1351215
545 572 232 | 232 275 545
545 232 | 232 545
54 42 | 23 45

TROISIÈME GROUPE.

UT DIÈSE fondamental, par **DEGRÉS CONJOINTS.**

Étude de 67123 32176.

Première partie de la gamme de LA, MODE MAJEUR.

MODÈLE.

12345 54321 51

Mode majeur.		Mode mineur.	
67123	32176	67123	32176
67123	2176	67123	2176
6712	2176	6712	2176
6712	176	6712	176
671	176	671	176
671	76	671	76
67	6	67	6
67123	32176 36	67123	32176 36

Étude de 71234 43217.

Première partie de la gamme de SI, MODE MINEUR.

MODÈLE.

67123 32176 36

71234	43217	43217	71234
71234	3217	43217	1234
7123	3217	4321	1234
7123	217	4321	234
712	217	432	234
712	17	432	34
71	7	43	4
71234	43217 47	43217	71234 7

Étude de 2176 6712.

Deuxième partie de la gamme de RÉ, MODE MAJEUR.

MODÈLE.

1765 5671 51

2176	6712	6712	2176
2176	712	6712	176
217	712	671	176
217	12	671	76
21	2	67	6
2176	6712 62	6712	2176 2

TROISIÈME GROUPE.

MI BÉMOL fondamental, par **DEGRÉS**

Étude de 12345 54321.

Première partie de la gamme d'UT, MODE MINEUR.

MODÈLE.

67123 32176 36

Mode mineur.		Mode majeur.	
12345	54321	12345	54321
12345	4321	12345	4321
1234	4321	1234	4321
1234	321	1234	321
123	321	123	321
123	21	123	21
12	1	12	1
12345	54321 51	12345	54321 51

Étude de 71234 43217.

Première partie de la gamme de SI BÉMOL, MODE MAJEUR.

MODÈLE.

12345 54321 51

71234	43217	43217	71234
71234	3217	43217	1234
7123	3217	4321	1234
7123	217	4321	234
712	217	432	234
712	17	432	34
71	7	43	4
71234	43217 47	43217	71234 7

Étude de 3217 7123.

Deuxième partie de la gamme de MI BÉMOL, MODE MAJEUR.

MODÈLE.

1765 5671 51

3217	7123	7123	3217
3217	123	7123	217
321	123	712	217
321	23	712	17
32	3	71	7
3217	7123 73	7123	3217 3

Étude de 2176 6712.

Deuxième partie de la gamme de RÉ, MODE MINEUR.

MODÈLES.

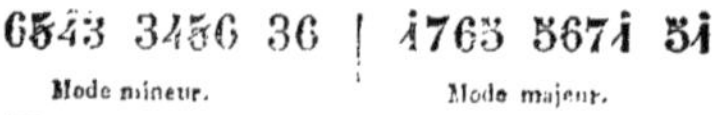

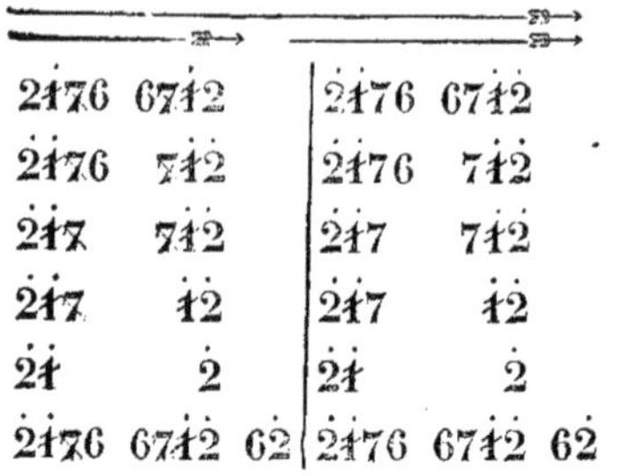

6543 3456 36 | 1765 5671 51

Mode mineur. | Mode majeur.

2176 6712	2176 6712
2176 712	2176 712
217 712	217 712
217 12	217 12
21 2	21 2
2176 6712 62	2176 6712 62

QUATRIÈME GROUPE.

UT DIÈSE fondamental, par DEGRÉS DISJOINTS.

Étude de 6136 6316.

Accord de quinte de tonique de LA, MODE MAJEUR.

MODÈLE.

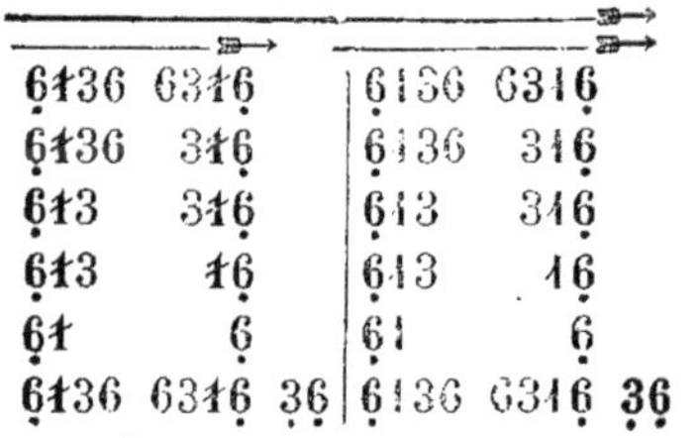

1351 1531 51

Mode majeur. | Mode mineur.

6136 6316	6136 6316
6136 316	6136 316
613 316	613 316
613 16	613 16
61 6	61 6
6136 6316 36	6136 6316 36

Étude de 6135 5316.

Accord de septième de dominante de RÉ | MODE MAJEUR. / MODE MINEUR.

MODÈLE.

5724 4275 1

6135 5316	5316 6135
6135 316	5316 135
613 316	531 135
613 16	531 35
61 6	53 5
6135 5316 2	5316 61355316 2

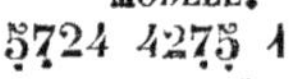

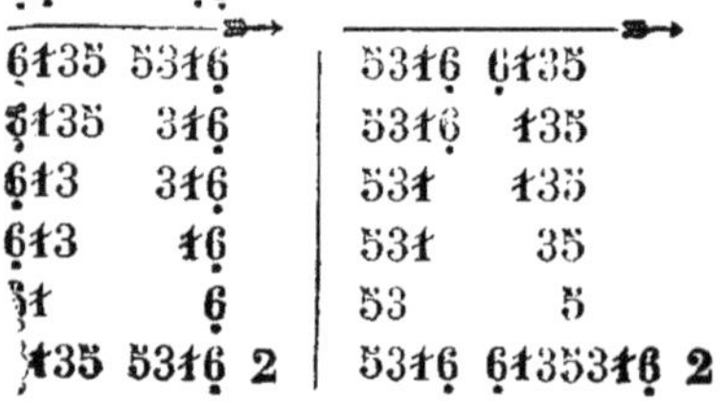

Étude de 5432 2345.

Deuxième partie de la gamme de SOL, MODE MINEUR.

MODÈLES.

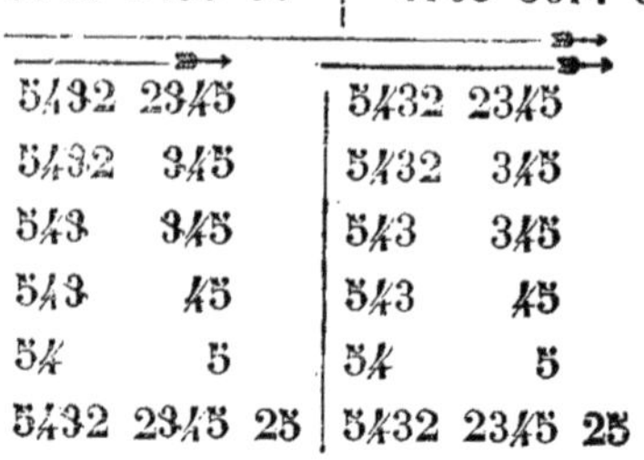

6543 3456 36 | 1765 5671 51

5432 2345	5432 2345
5432 345	5432 345
543 345	543 345
543 45	543 45
54 5	54 5
5432 2345 25	5432 2345 25

QUATRIÈME GROUPE.

MI BÉMOL fondamental, PAR DEGRÉS DISJOINT.

Étude de 1351 1531.

Accord de quinte de tonique d'UT, MODE MINEUR.

MODÈLE.

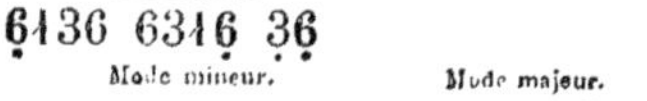

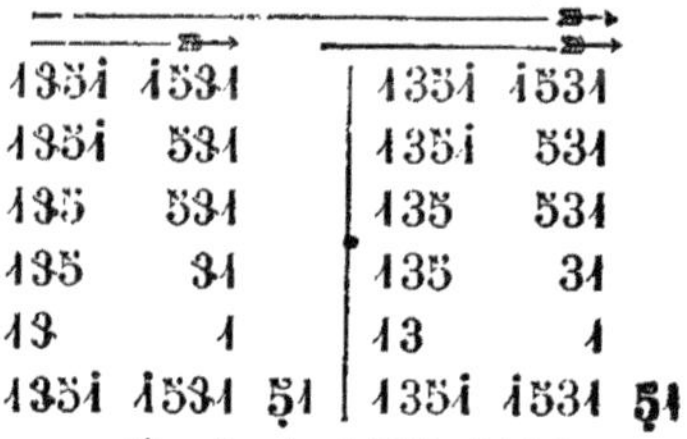

6136 6316 36

Mode mineur. | Mode majeur.

1351 1531	1351 1531
1351 531	1351 531
135 531	135 531
135 31	135 31
13 1	13 1
1351 1531 51	1351 1531 51

Étude de 4613 3164.

Accord de septième de dominante de SI BÉMOL | MODE MAJEUR. / MODE MINEUR.

MODÈLE.

5724 4275 1

4613 3164	3164 4613
4613 164	3164 613
461 164	316 613
461 64	316 13
46 4	31 3
4613 3164 7	3164 46133164 7

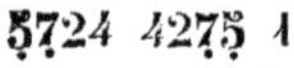

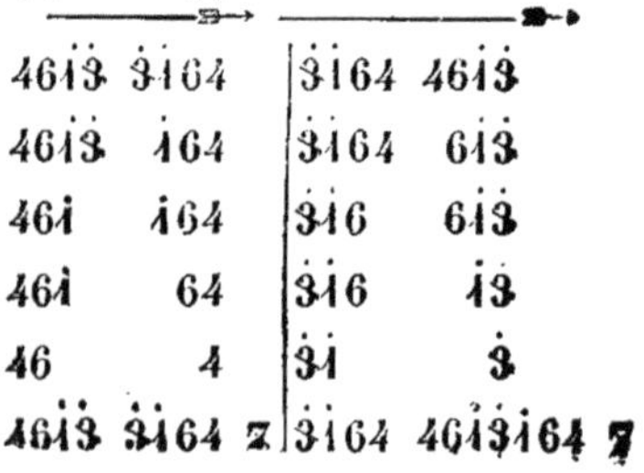

Étude de 4614 4164.

Accord de quinte de tonique de FA DIÈSE, MODE MINEUR.

MODÈLE.

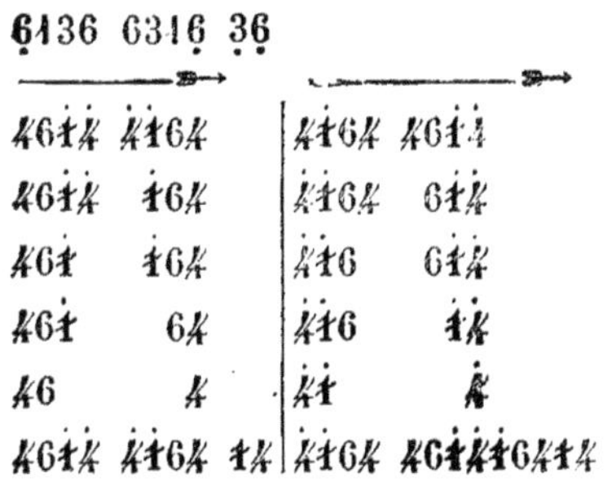

6136 6316 36

4614 4164	4164 4614
4614 164	4164 614
461 164	416 614
461 64	416 14
46 4	41 4
4614 4164 14	4164 46144164144

Étude de 3573 3753.

Accord de quinte de tonique de MI BÉMOL, MODE MAJEUR.

MODÈLE.

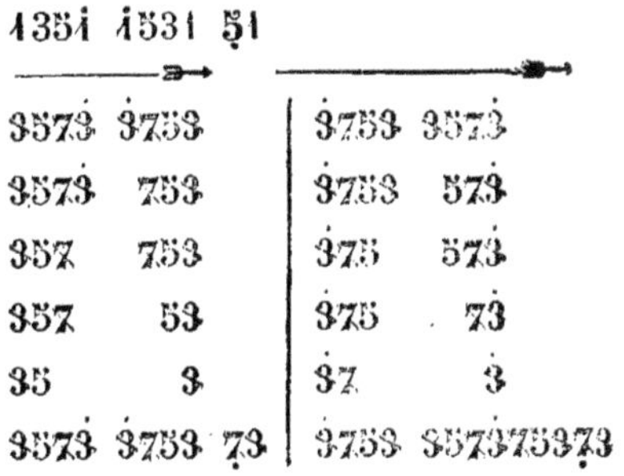

1351 1531 51

3573 3753	3753 3573
3573 753	3753 573
357 753	375 573
357 53	375 73
35 3	37 3
3573 3753 73	3753 3573753373

CINQUIÈME SÉRIE D'EXERCICES.

ÉTUDE DU SOL DIÈSE.

PREMIER GROUPE.

SOL DIÈSE accidentel pris EN DESCENDANT.

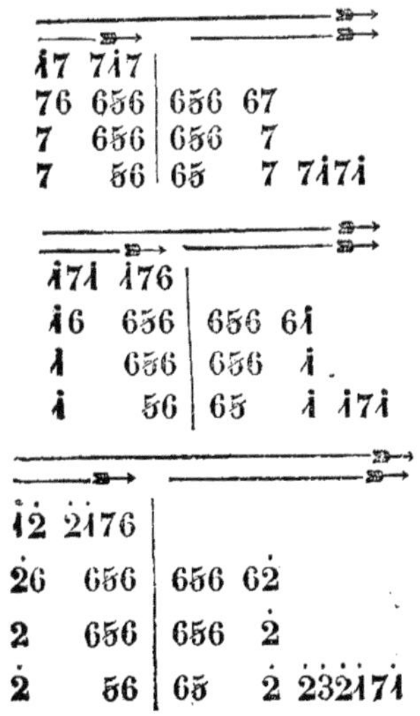

17 717	
76 656	656 67
7 656	656 7
7 56	65 7 7171

171 176	
16 656	656 61
1 656	656 1
1 56	65 1 171

12 2176	
26 656	656 62
2 656	656 2
2 56	65 2 232171

ÉTUDE DU LA BÉMOL.

PREMIER GROUPE.

LA BÉMOL accidentel pris EN MONTANT.

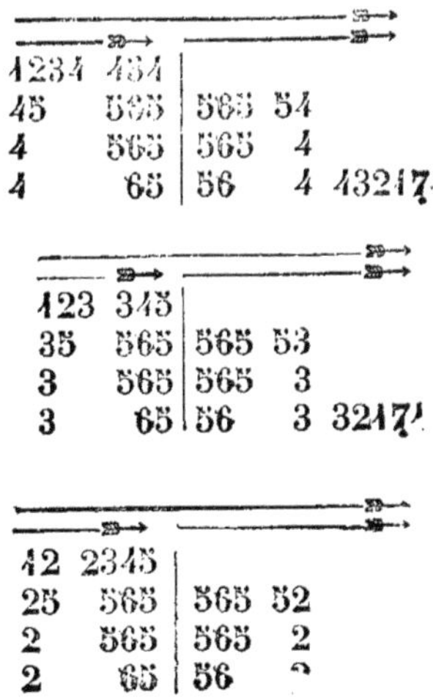

1234 434	
45 565	565 54
4 565	565 4
4 65	56 4 432171

123 345	
35 565	565 53
3 565	565 3
3 65	56 3 32171

12 2345	
25 565	565 52
2 565	565 2
2 65	56 2

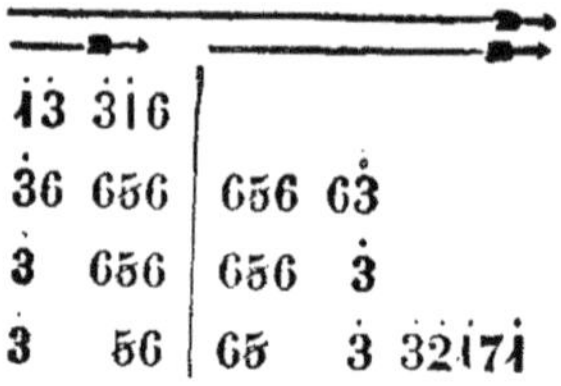

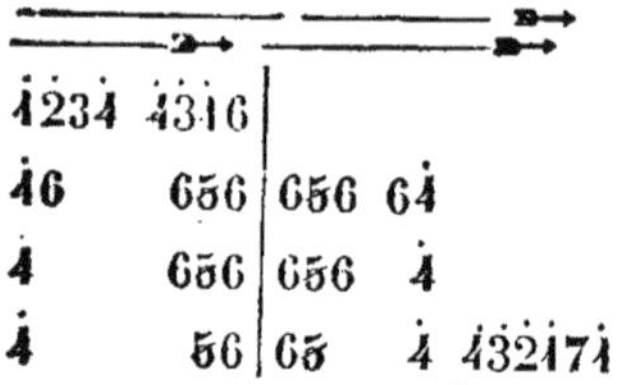

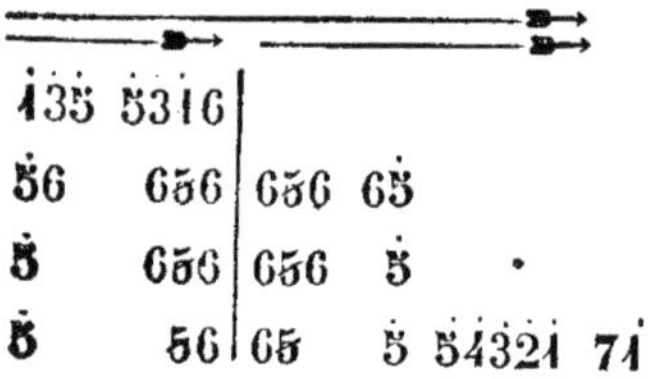

13 316
36 656 | 656 63
3 656 | 656 3
3 56 | 65 3 32171

1234 4316
46 656 | 656 64
4 656 | 656 4
4 56 | 65 4 432171

135 5316
56 656 | 656 65
5 656 | 656 5
5 56 | 65 5 54321 71

DEUXIÈME GROUPE.

SOL DIÈSE accidentel pris **EN MONTANT.**

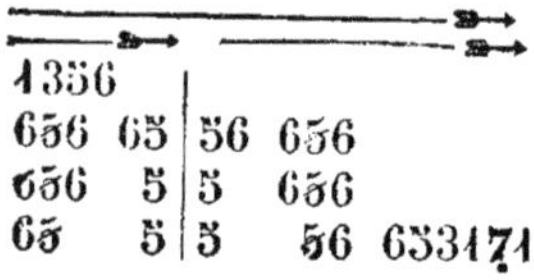

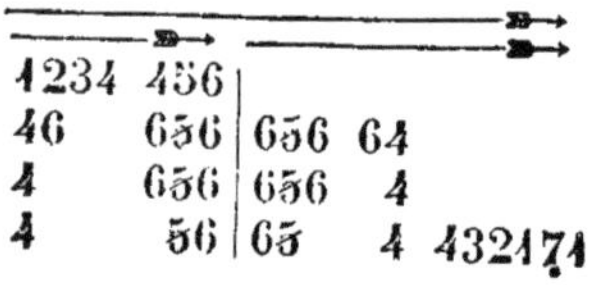

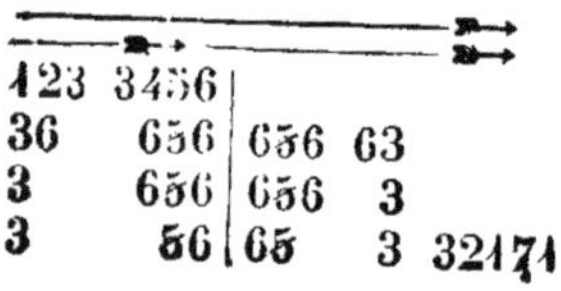

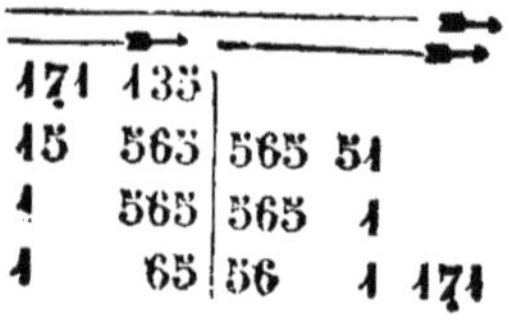

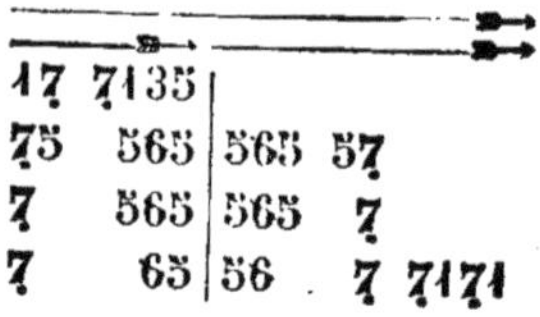

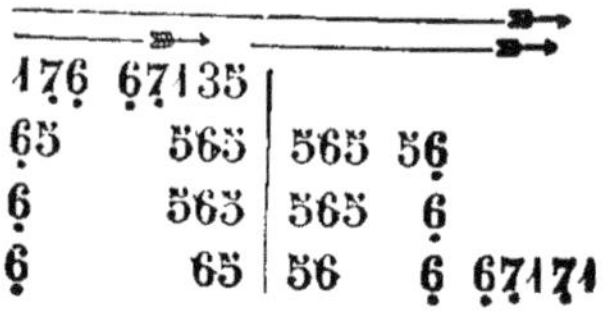

1356
656 65 | 56 656
656 5 | 5 656
65 5 | 5 56 653171

1234 456
46 656 | 656 64
4 656 | 656 4
4 56 | 65 4 432171

123 3456
36 656 | 656 63
3 656 | 656 3
3 56 | 65 3 32171

171 135
15 565 | 565 51
1 565 | 565 1
1 65 | 56 1 171

17 7135
75 565 | 565 57
7 565 | 565 7
7 65 | 56 7 7171

176 67135
65 565 | 565 56
6 565 | 565 6
6 65 | 56 6 67171

DEUXIÈME GROUPE.

LA BÉMOL accidentel pris **EN DESCENDANT.**

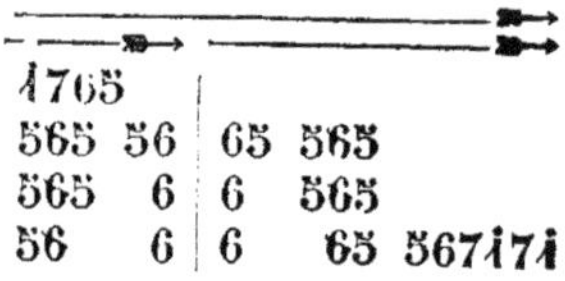

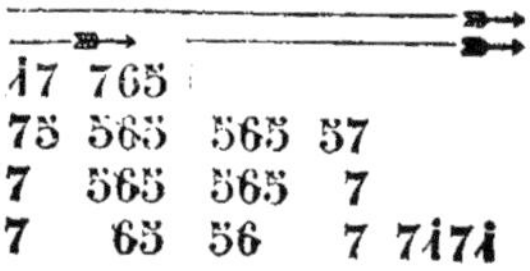

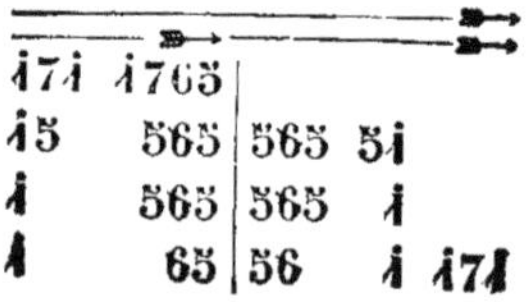

1765
565 56 | 65 565
565 6 | 6 565
56 6 | 6 65 567171

17 765
75 565 | 565 57
7 565 | 565 7
7 65 | 56 7 7171

171 1765
15 565 | 565 51
1 565 | 565 1
1 65 | 56 1 171

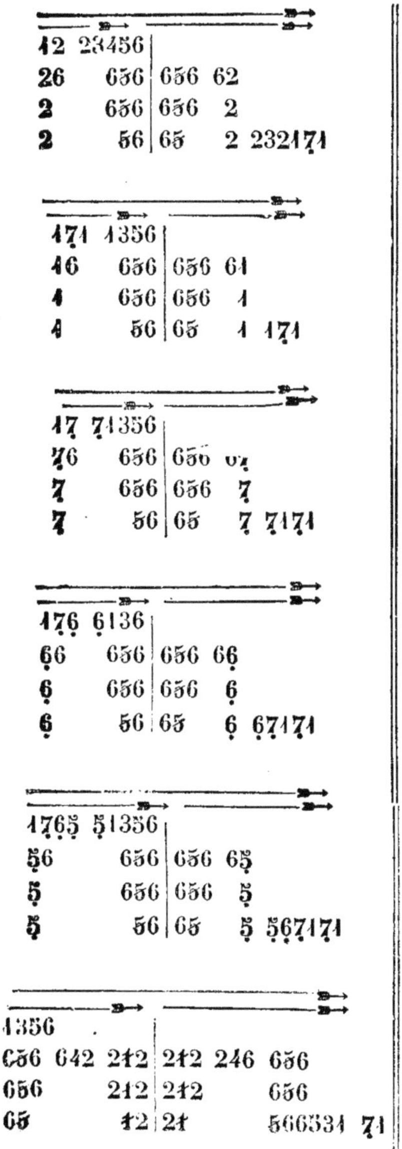

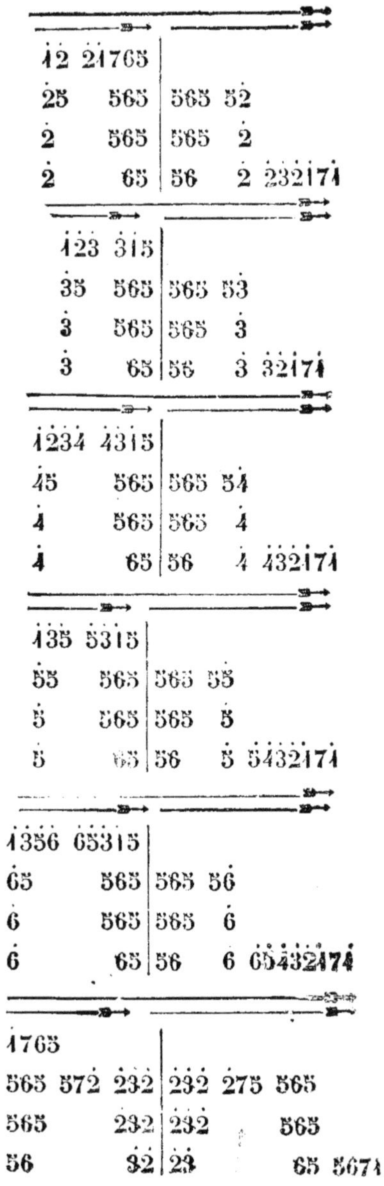

12 23456 |
26 656 | 656 62
2 656 | 656 2
2 56 | 65 2 232171

171 1356 |
16 656 | 656 61
1 656 | 656 1
1 56 | 65 1 171

17 71356 |
76 656 | 656 67
7 656 | 656 7
7 56 | 65 7 7171

176 6136 |
66 656 | 656 66
6 656 | 656 6
6 56 | 65 6 67171

1765 51356 |
56 656 | 656 65
5 656 | 656 5
5 56 | 65 5 567171

1356
656 642 212 | 212 246 656
656 212 | 212 656
65 12 | 21 566531 71

12 21765 |
25 565 | 565 52
2 565 | 565 2
2 65 | 56 2 232171

123 315 |
35 565 | 565 53
3 565 | 565 3
3 65 | 56 3 32171

1234 4315 |
45 565 | 565 54
4 565 | 565 4
4 65 | 56 4 432171

135 5315 |
55 565 | 565 55
5 565 | 565 5
5 65 | 56 5 5432171

1356 65315 |
65 565 | 565 56
6 565 | 565 6
6 65 | 56 6 65432171

1765
565 572 232 | 232 275 565
565 232 | 232 565
56 32 | 23 65 5671

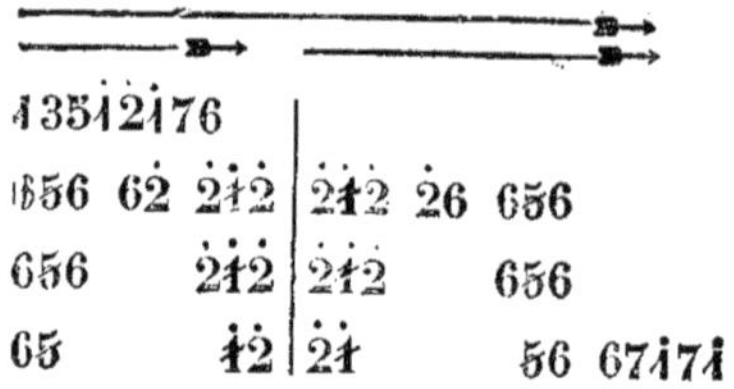

13512176

656 62 212	212 26 656
656 212	212 656
65 12	21 56 67171

TROISIÈME GROUPE.

SOL DIÈSE fondamental, par **DEGRÉS CONJOINTS.**

Étude de 34567 76543:

Première partie de la gamme de **MI, MODE MAJEUR.**

MODÈLES.

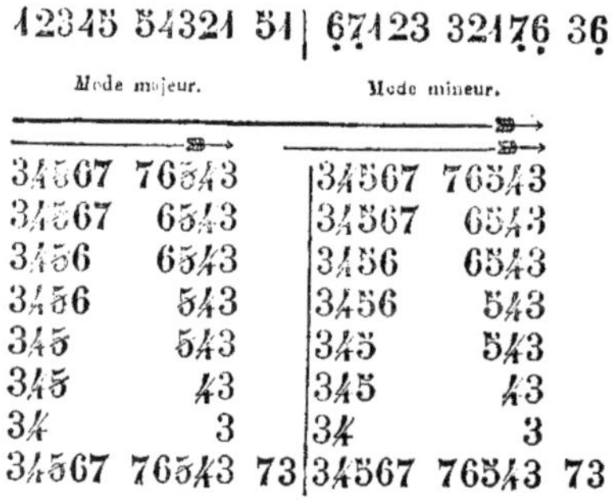

12345 54321 51 | 67123 32176 36

Mode majeur. Mode mineur.

Mode majeur	Mode mineur
34567 76543	34567 76543
34567 6543	34567 6543
3456 6543	3456 6543
3456 543	3456 543
345 543	345 543
345 43	345 43
34 3	34 3
34567 76543 73	34567 76543 73

Étude de 6543 3456.

Deuxième partie de la gamme de **LA, MODE MAJEUR.**

MODÈLE.

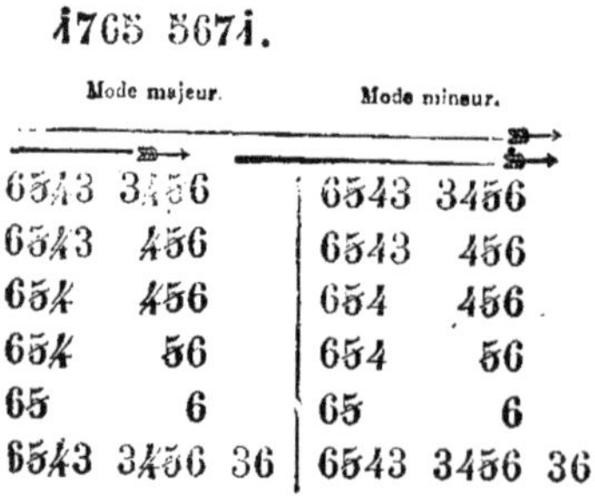

1765 5671.

Mode majeur.	Mode mineur.
6543 3456	6543 3456
6543 456	6543 456
654 456	654 456
654 56	654 56
65 6	65 6
6543 3456 36	6543 3456 36

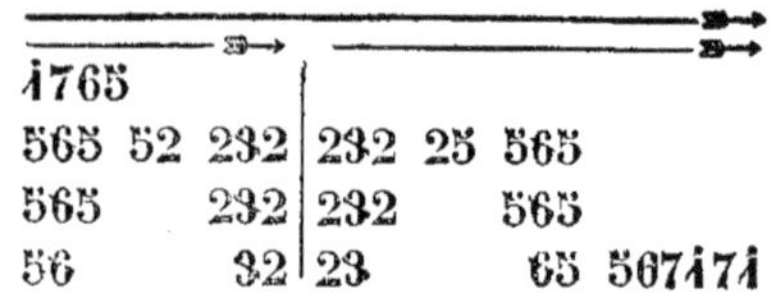

1765

565 52 232	232 25 565
565 232	232 565
56 32	23 65 567171

TROISIÈME GROUPE.

LA BÉMOL fondamental, par **DEGRÉS CONJOINTS.**

Étude de 45671 17654.

Première partie de la gamme de **FA, MODE MINEUR.**

MODÈLES.

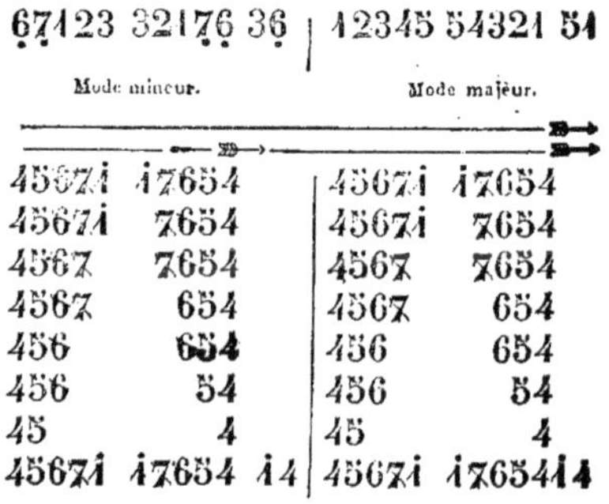

67123 32176 36 | 12345 54321 51

Mode mineur. Mode majeur.

Mode mineur	Mode majeur
45671 17654	45671 17654
45671 7654	45671 7654
4567 7654	4567 7654
4567 654	4567 654
456 654	456 654
456 54	456 54
45 4	45 4
45671 17654 14	45671 17654 14

Étude de 1765 5671.

Deuxième partie de la gamme d'**UT, MODE MINEUR**

MODÈLE.

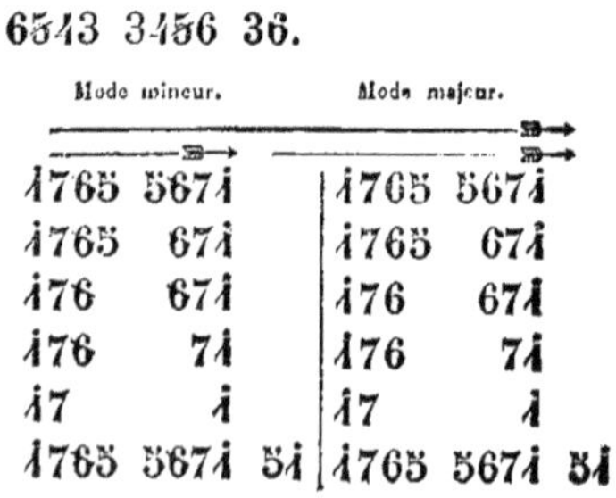

6543 3456 36.

Mode mineur.	Mode majeur.
1765 5671	1765 5671
1765 671	1765 671
176 671	176 671
176 71	176 71
17 1	17 1
1765 5671 51	1765 5671 51

Étude de 45671̇ 1̇7654.

Première partie de la gamme de FA DIÈSE, MODE MINEUR.

MODÈLE.

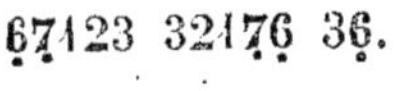

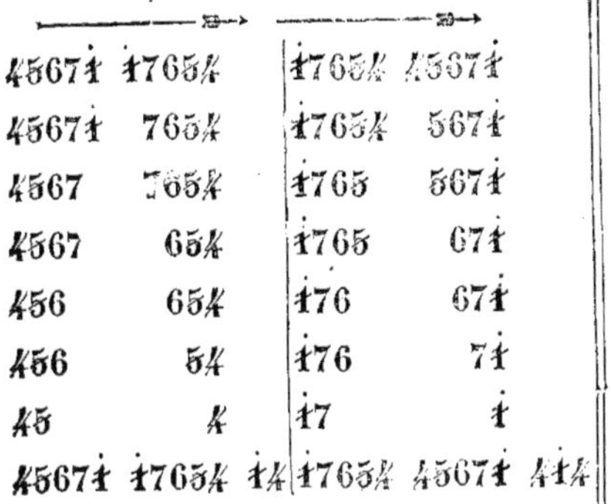

6̣7̣123 3217̣6̣ 36̣.

45671̇ 1̇7654	1̇7654 45671̇
45671̇ 7654	1̇7654 5671̇
4567 7654	1̇765 5671̇
4567 654	1̇765 671̇
456 654	1̇76 671̇
456 54	1̇76 71̇
45 4	1̇7 1̇
45671̇ 1̇7654 1̇4	1̇7654 45671̇ 41̇4

Étude de 34567 76543.

Première partie de la gamme de MI BÉMOL, MODE MAJEUR.

MODÈLE.

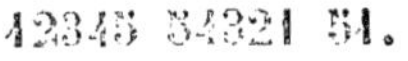

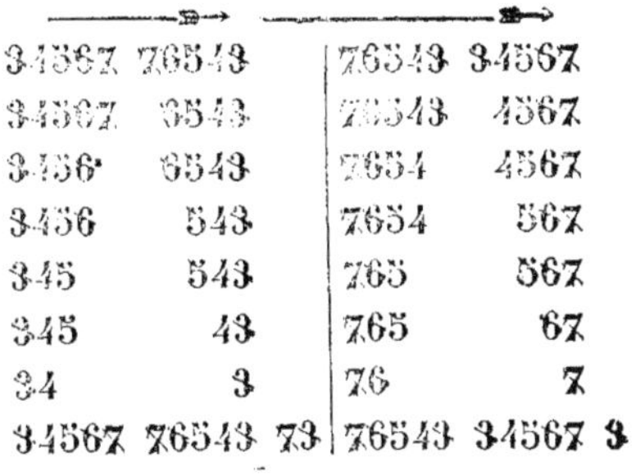

12345 54321 51.

34567 76543	76543 34567
34567 6543	76543 4567
3456 6543	7654 4567
3456 543	7654 567
345 543	765 567
345 43	765 67
34 3	76 7
34567 76543 73	76543 34567 3

QUATRIÈME GROUPE.

SOL DIÈSE fondamental, par DEGRÉS DISJOINTS.

Étude de 3573̇ 3̇753.

Accord de quinte de tonique de MI, MODE MAJEUR.

MODÈLES.

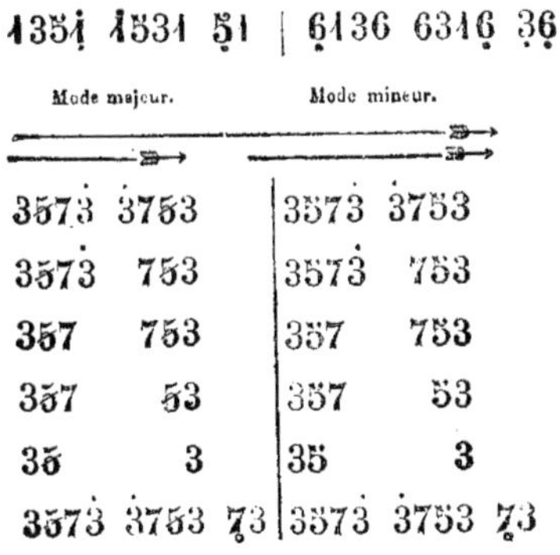

1351̇ 1̇531 5̣1 | 6̣136 6316̣ 36̣

Mode majeur. — Mode mineur.

3573̇ 3̇753	3573̇ 3̇753
3573̇ 753	3573̇ 753
357 753	357 753
357 53	357 53
35 3	35 3
3573̇ 3̇753 7̣3	3573̇ 3̇753 7̣3

QUATRIÈME GROUPE.

LA BÉMOL fondamental, par DEGRÉS DISJOINTS.

Étude de 461̇4 41̇64.

Accord de quinte de tonique de FA, MODE MINEUR.

MODÈLES.

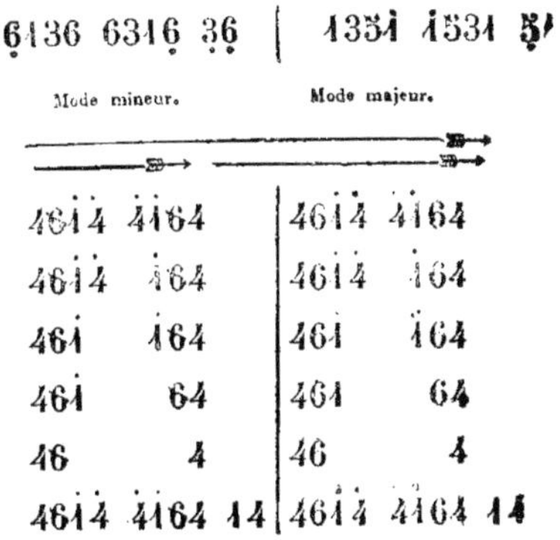

6̣136 6316̣ 36̣ | 1351̇ 1̇531 5̣1

Mode mineur. — Mode majeur.

461̇4 41̇64	461̇4 41̇64
461̇4 1̇64	461̇4 1̇64
461̇ 1̇64	461̇ 1̇64
461̇ 64	461̇ 64
46 4	46 4
461̇4 41̇64 14	461̇4 41̇64 14

Étude de 3572 2753.

Accord de septième de dominante de

LA | MODE MAJEUR. / MODE MINEUR.

MODÈLE.

5724 4275 1.

3572 2753	2753 3572
3572 753	2753 572
357 753	275 572
357 53	275 72
35 3	27 2
3572 2753 6	2753 3572753 6

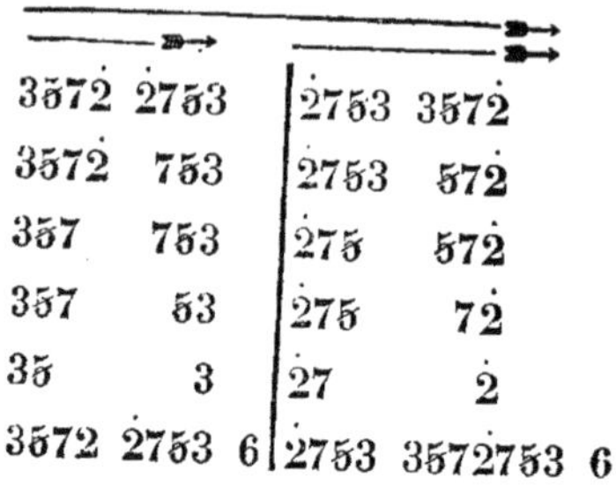

Étude de 7246 6427.

Accord de septième de dominante de

MI BÉMOL | MODE MAJEUR. / MODE MINEUR.

MODÈLE.

5724 4275 1.

7246 6427	6427 7246
7246 427	6427 246
724 427	642 246
724 27	642 46
72 7	64 6
7246 6427 3	6427 7246427 3

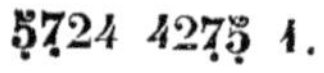

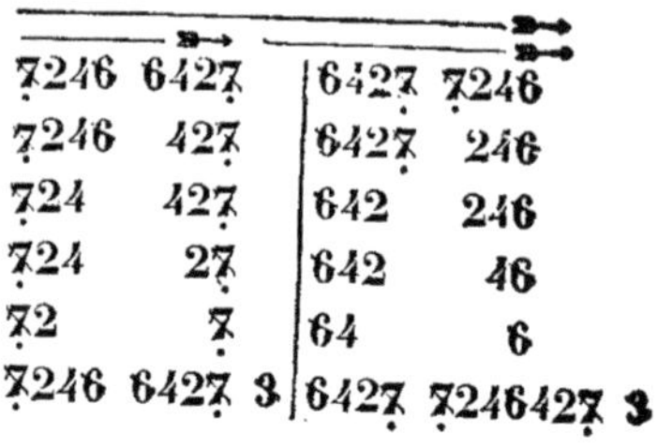

SIXIÈME SÉRIE D'EXERCICES.

ÉTUDE DU RÉ DIÈSE.

PREMIER GROUPE.

RÉ DIÈSE accidentel pris EN DESCENDANT.

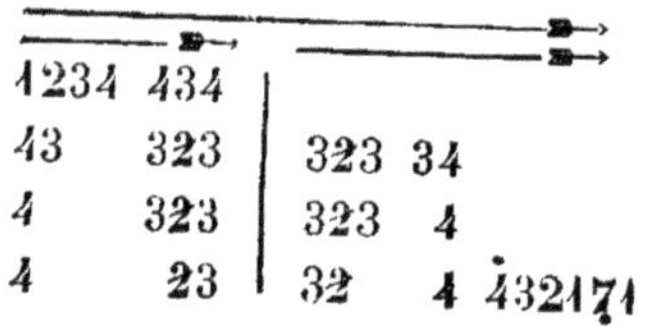

1234 434	
43 323	323 34
4 323	323 4
4 23	32 4 432171

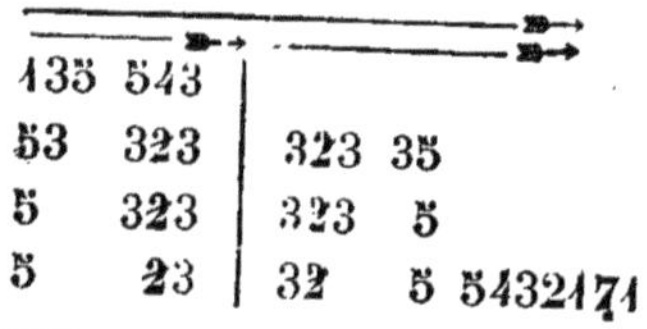

135 543	
53 323	323 35
5 323	323 5
5 23	32 5 5432171

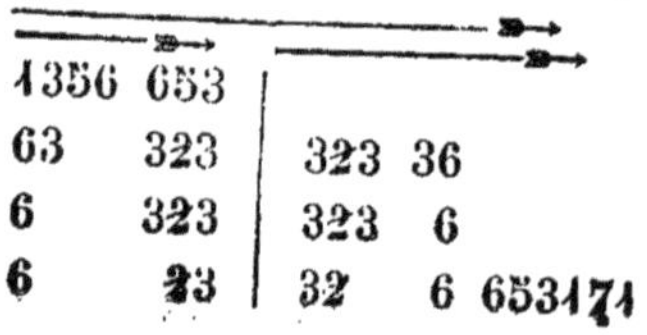

1356 653	
63 323	323 36
6 323	323 6
6 23	32 6 653171

ÉTUDE DU RÉ BÉMOL.

PREMIER GROUPE.

RÉ BÉMOL accidentel pris EN MONTANT.

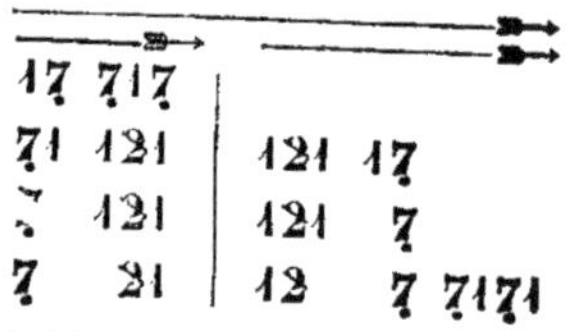

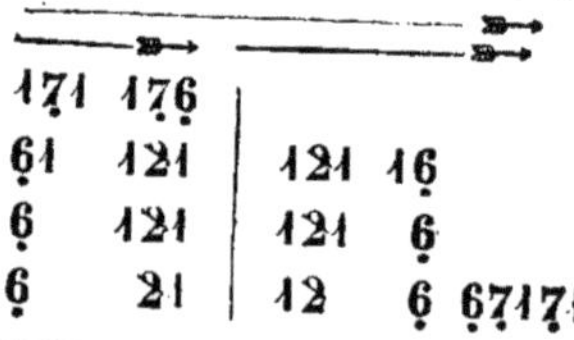

17 717	
71 121	121 17
7 121	121 7
7 21	12 7 7171

171 176	
61 121	121 16
6 121	121 6
6 21	12 6 67171

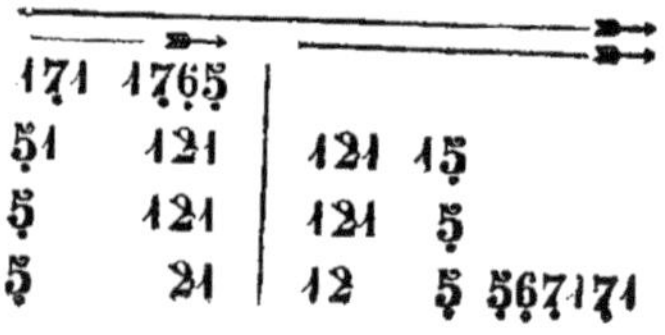

171 1765	
51 121	121 15
5 121	121 5
5 21	12 5 567171

13517 7153 |
73 323 | 323 37
7 323 | 323 7
7 23 | 32 7 71531

1351 153 |
13 323 | 323 31
1 323 | 323 1
1 23 | 32 1 1531

13512 2153 |
23 323 | 323 32
2 323 | 323 2
2 23 | 32 2 21531

DEUXIÈME GROUPE.

RÉ DIÈSE accidentel pris EN MONTANT.

123 |
323 32 | 23 323
323 2 | 2 323
32 2 | 2 23 32171

171 123 |
13 323 | 323 31
1 323 | 323 1
1 23 | 32 1 171

17 7123 |
73 323 | 323 37
7 323 | 323 7
7 23 | 32 7 7171

176 613 |
63 323 | 323 36
6 323 | 323 6
6 23 | 32 6 67171

171 1534 |
41 121 | 121 14
4 121 | 121 4
4 21 | 12 4 4346171

171 153 |
31 121 | 121 13
3 121 | 121 3
3 21 | 12 3 35171

171 1532 |
21 121 | 121 12
2 121 | 121 2
2 21 | 12 2 2321351

DEUXIÈME GROUPE.

RÉ BÉMOL accidentel pris EN DESCENDANT.

171 |
121 12 | 21 121
121 2 | 2 121
12 2 | 2 21 171

123 321 |
31 121 | 121 13
3 121 | 121 3
3 21 | 12 3 32171

1234 4321 |
41 121 | 121 14
4 121 | 121 4
4 21 | 12 4 432171

135 531 |
51 121 | 121 15
5 121 | 121 5
5 21 | 12 5 5432171

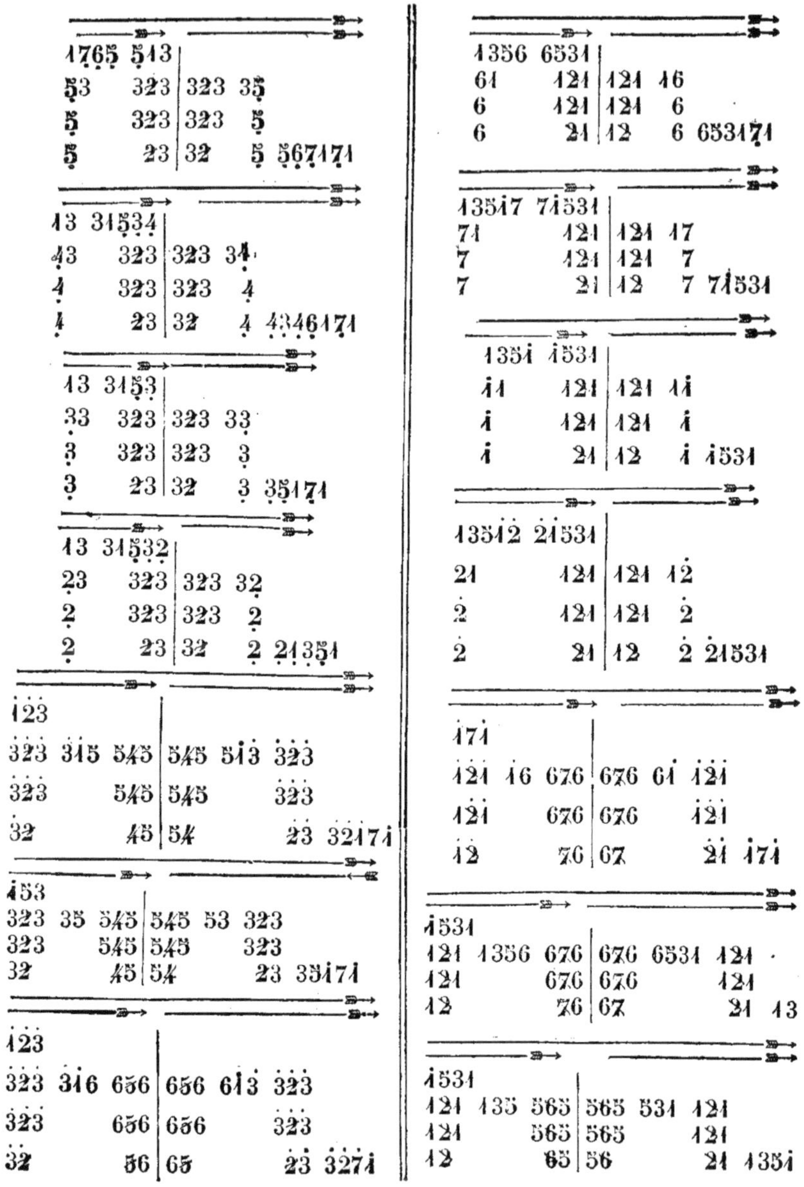

1765 513
53 323 | 323 35
5 323 | 323 5
5 23 | 32 5 567171

13 31534
43 323 | 323 34
4 323 | 323 4
4 23 | 32 4 4346171

13 3153
33 323 | 323 33
3 323 | 323 3
3 23 | 32 3 35171

13 31532
23 323 | 323 32
2 323 | 323 2
2 23 | 32 2 21351

123
323 315 545 | 545 513 323
323 545 | 545 323
32 45 | 54 23 32171

153
323 35 545 | 545 53 323
323 545 | 545 323
32 45 | 54 23 35171

123
323 316 656 | 656 613 323
323 656 | 656 323
32 56 | 65 23 3271

1356 6531
61 121 | 121 16
6 121 | 121 6
6 21 | 12 6 653171

13517 71531
71 121 | 121 17
7 121 | 121 7
7 21 | 12 7 71531

1351 1531
11 121 | 121 11
1 121 | 121 1
1 21 | 12 1 1531

13512 21531
21 121 | 121 12
2 121 | 121 2
2 21 | 12 2 21531

171
121 16 676 | 676 61 121
121 676 | 676 121
12 76 | 67 21 171

1531
121 1356 676 | 676 6531 121
121 676 | 676 121
12 76 | 67 21 13

1531
121 135 565 | 565 531 121
121 565 | 565 121
12 65 | 56 21 1351

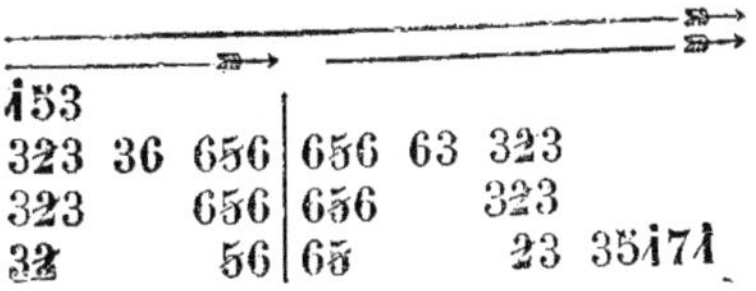

153

323 36 656	656 63 323
323 656	656 323
32 56	65 23 35171

TROISIÈME GROUPE.

RÉ DIÈSE fondamental, par DEGRÉS CONJOINTS.

Étude de

3217 7123 | 3217 7123.

Deuxième partie de la gamme de MI, MODE MAJEUR.	Deuxième partie de la gamme de MI, MODE MINEUR.

MODÈLES.

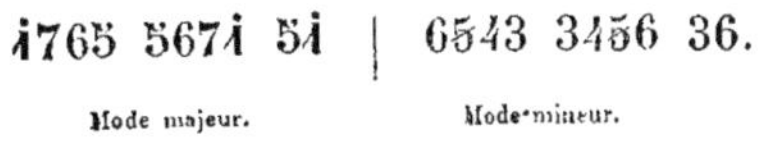

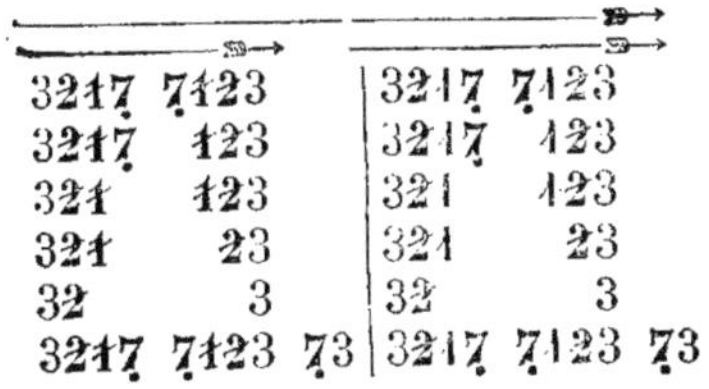

1765 5671 51	6543 3456 36.
Mode majeur.	Mode mineur.

3217 7123	3217 7123
3217 123	3217 123
321 123	321 123
321 23	321 23
32 3	32 3
3217 7123 73	3217 7123 73

Étude de 71234 43217.

Première partie de la gamme de SI, MODE MAJEUR.

MODÈLES.

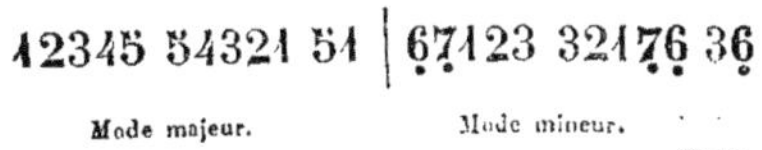

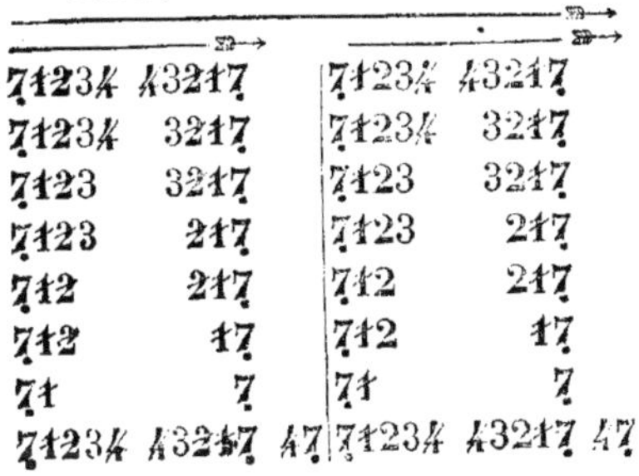

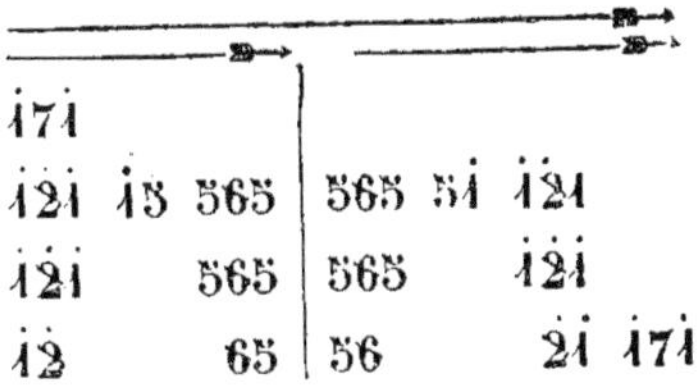

12345 54321 51	67123 32176 36
Mode majeur.	Mode mineur.

71234 43217	71234 43217
71234 3217	71234 3217
7123 3217	7123 3217
7123 217	7123 217
712 217	712 217
712 17	712 17
71 7	71 7
71234 43217 47	71234 43217 47

171

121 15 565	565 51 121
121 565	565 121
12 65	56 21 171

TROISIÈME GROUPE.

RÉ BÉMOL fondamental, par DEGRÉS CONJOINTS.

Étude de 4321 1234.

Deuxième partie de la gamme de FA, MODE MINEUR

MODÈLES.

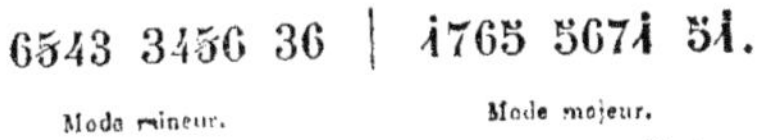

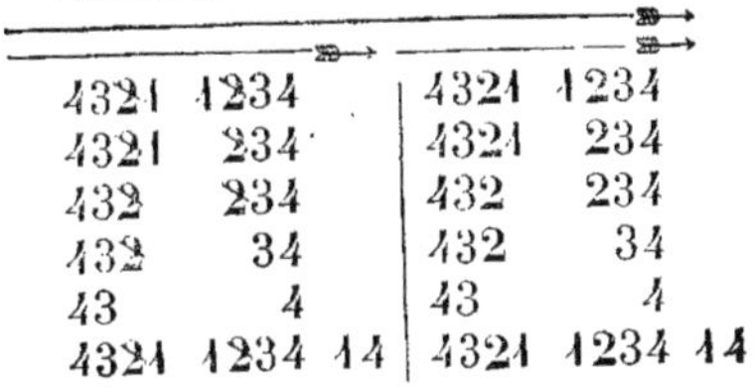

6543 3456 36	1765 5671 51.
Mode mineur.	Mode majeur.

4321 1234	4321 1234
4321 234	4321 234
432 234	432 234
432 34	432 34
43 4	43 4
4321 1234 14	4321 1234 14

Étude de 71234 43217.

Première partie de la gamme de SI BÉMOL, MODE MINEUR.

MODÈLES.

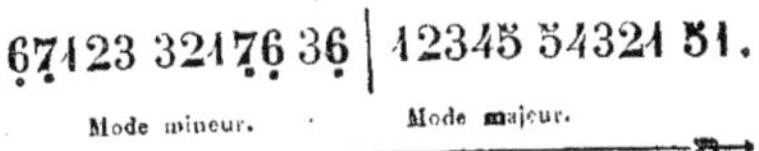

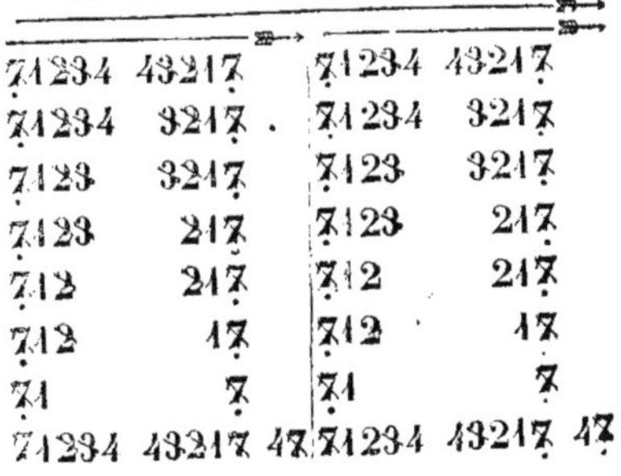

67123 32176 36	12345 54321 51.
Mode mineur.	Mode majeur.

71234 43217	71234 43217
71234 3217	71234 3217
7123 3217	7123 3217
7123 217	7123 217
712 217	712 217
712 17	712 17
71 7	71 7
71234 43217 47	71234 43217 47

QUATRIÈME GROUPE.

RÉ DIÈSE fondamental, par DEGRÉS DISJOINTS.

Étude de 7247 7427.

Accord de quinte de tonique de SI, MODE MAJEUR.

MODÈLES.

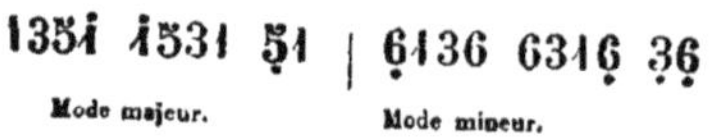

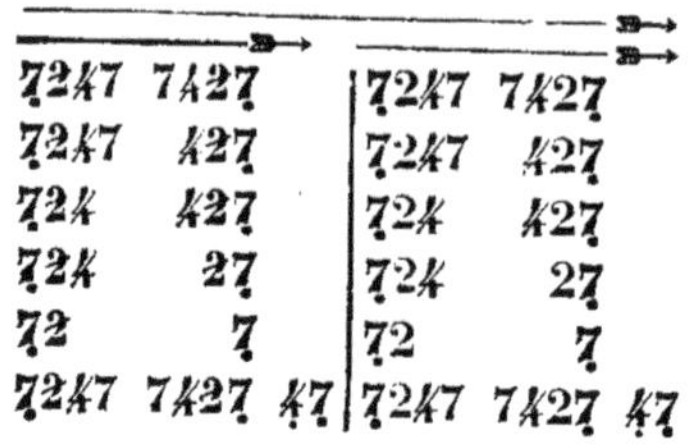

1351 1531 51 | 6136 6316 36

Mode majeur. | Mode mineur.

7247 7427	7247 7427
7247 427	7247 427
724 427	724 427
724 27	724 27
72 7	72 7
7247 7427 47	7247 7427 47

Étude de 7246 6427.

Accord de septième de dominante de MI | MODE MAJEUR. MODE MINEUR.

MODÈLE.

5724 4275 1

7246 6427	6427 7246
7246 427	6427 246
724 427	642 246
724 27	642 46
72 7	64 6
7246 6427 3	6427 72466427 3

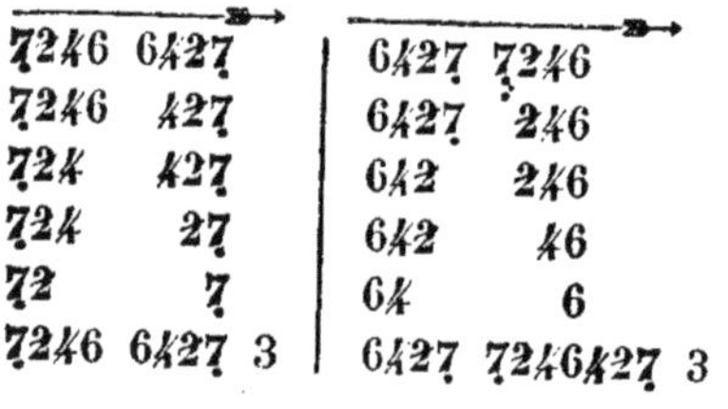

QUATRIÈME GROUPE.

RÉ BÉMOL fondamental, par DEGRÉS DISJOINTS

Étude de 7247 7427.

Accord de quinte de tonique de SI BÉMOL, MODE MINEUR.

MODÈLES.

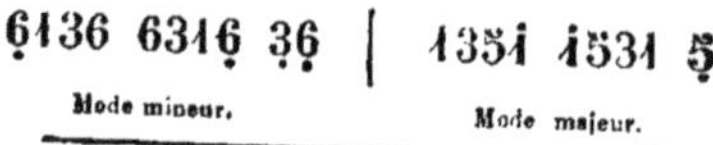

6136 6316 36 | 1351 1531 51

Mode mineur. | Mode majeur.

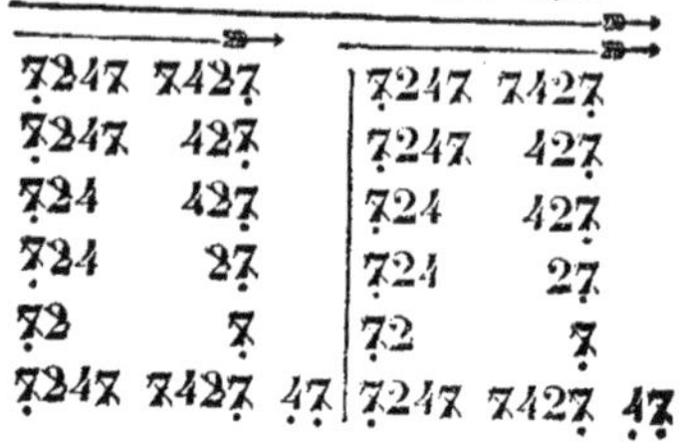

7247 7427	7247 7427
7247 427	7247 427
724 427	724 427
724 27	724 27
72 7	72 7
7247 7427 47	7247 7427 47

Étude de 3572 2753.

Accord de septième de dominante de LA BÉMOL | MODE MAJEUR. MODE MINEUR.

MODÈLE.

5724 4275 1

3572 2753	2753 3572
3572 753	2753 572
357 753	275 572
357 53	275 72
35 3	27 2
3572 2753 6	2753 35722753 6

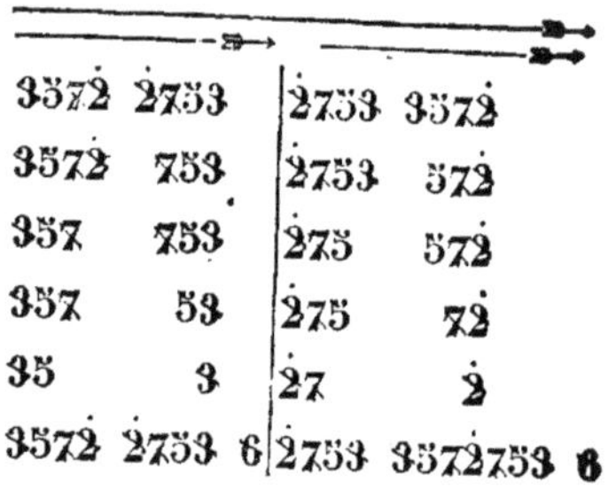

SEPTIÈME SÉRIE D'EXERCICES.

ÉTUDE DU LA DIÈSE.

PREMIER GROUPE.

LA DIÈSE accidentel pris EN DESCENDANT.

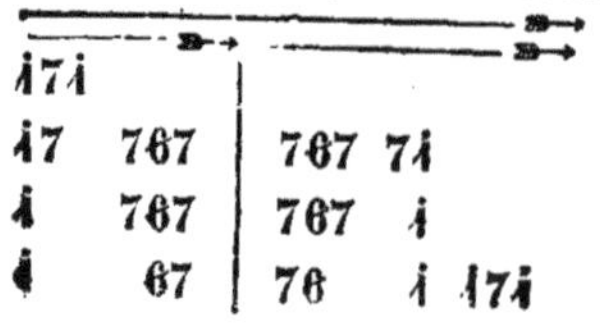

171	
17 767	767 71
1 767	767 1
1 67	76 1 171

ÉTUDE DU SOL BÉMOL.

PREMIER GROUPE.

SOL BÉMOL accidentel pris EN MONTANT.

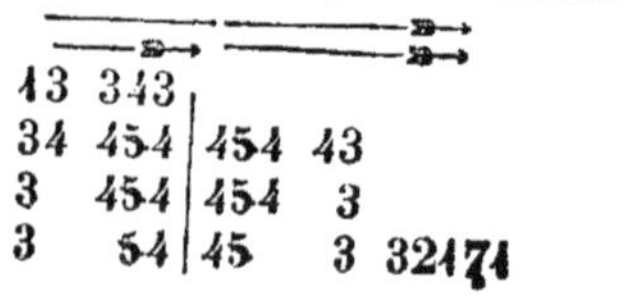

43 343	
34 454	454 43
3 454	454 3
3 54	45 3 32171

```
12 217
27 767 | 767 72
2  767 | 767 2
2   67 | 76  2 232171
```

```
13 3217
37  767 | 767 73
3   767 | 767 3
3    67 | 76  3 32171
```

```
1234 43217
47      767 | 767 74
4       767 | 767 4
4        67 | 76  4 432171
```

```
135 5317
57  767 | 767 75
5   767 | 767 5
5    67 | 76  5 53171
```

```
1356 65317
67      767 | 767 76
6       767 | 767 6
6        67 | 76  6 653171
```

DEUXIÈME GROUPE.

LA DIESE accidentel pris **EN MONTANT.**

```
17  717
767 76 | 67 767
767  6 | 6  767
76   6 | 6   67 7171
```

```
12 234
24 454 | 454 42
2  454 | 454 2
2   54 | 45  2 232171
```

```
171 1234
14   454 | 454 41
1    454 | 454 1
1     54 | 45  1 171
```

```
17 71234
74   454 | 454 47
7    454 | 454 7
7     54 | 45  7 7171
```

```
176 6134
64   454 | 454 46
6    454 | 454 6
6     54 | 45  6 67171
```

```
1765 5134
54    454 | 454 45
5     454 | 454 5
5      54 | 45  5 567171
```

DEUXIÈME GROUPE.

SOL BÉMOL accidentel pris **EN DESCENDANT.**

```
1534 434
454   45 | 54 454
454    5 | 5  454
45     5 | 5   54 4346171
```

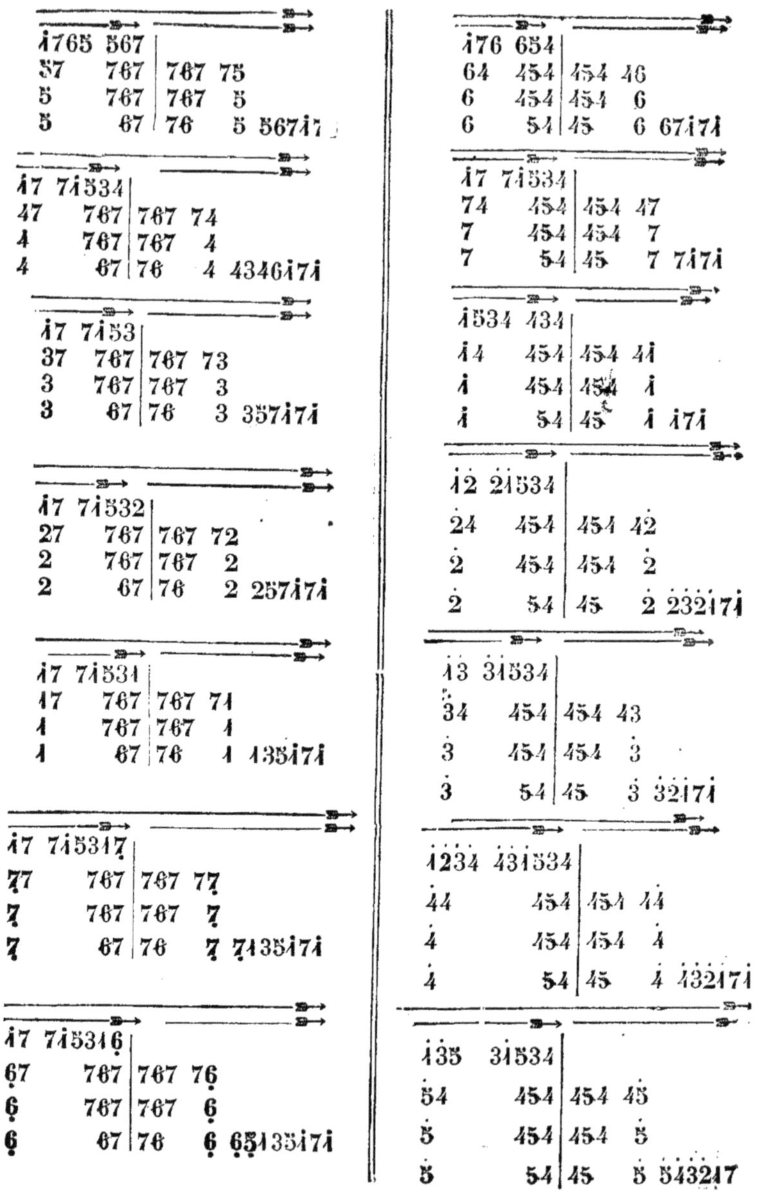

1̇765 567
57 767 | 767 75
5 767 | 767 5
5 67 | 76 5 5671̇7

1̇7 71̇534
47 767 | 767 74
4 767 | 767 4
4 67 | 76 4 43461̇71̇

1̇7 71̇53
37 767 | 767 73
3 767 | 767 3
3 67 | 76 3 3571̇71̇

1̇7 71̇532
27 767 | 767 72
2 767 | 767 2
2 67 | 76 2 2571̇71̇

1̇7 71̇531
17 767 | 767 71
1 767 | 767 1
1 67 | 76 1 1351̇71̇

1̇7 71̇5317̣
7̣7 767 | 767 77̣
7̣ 767 | 767 7̣
7̣ 67 | 76 7̣ 7̣1351̇71̇

1̇7 71̇5316̣
6̣7 767 | 767 76̣
6̣ 767 | 767 6̣
6̣ 67 | 76 6̣ 6̣5̣1351̇71̇

1̇76 654
64 454 | 454 46
6 454 | 454 6
6 54 | 45 6 671̇71̇

1̇7 71̇534
74 454 | 454 47
7 454 | 454 7
7 54 | 45 7 71̇71̇

1̇534 434
1̇4 454 | 454 41̇
1̇ 454 | 454 1̇
1̇ 54 | 45 1̇ 1̇71̇

1̇2̇ 2̇1̇534
2̇4 454 | 454 42̇
2̇ 454 | 454 2̇
2̇ 54 | 45 2̇ 2̇3̇2̇1̇71̇

1̇3̇ 3̇1̇534
3̇4 454 | 454 43̇
3̇ 454 | 454 3̇
3̇ 54 | 45 3̇ 3̇2̇1̇71̇

1̇2̇3̇4̇ 4̇3̇1̇534
4̇4 454 | 454 44̇
4̇ 454 | 454 4̇
4̇ 54 | 45 4̇ 4̇3̇2̇1̇71̇

1̇3̇5̇ 3̇1̇534
5̇4 454 | 454 45̇
5̇ 454 | 454 5̇
5̇ 54 | 45 5̇ 5̇4̇3̇2̇1̇7

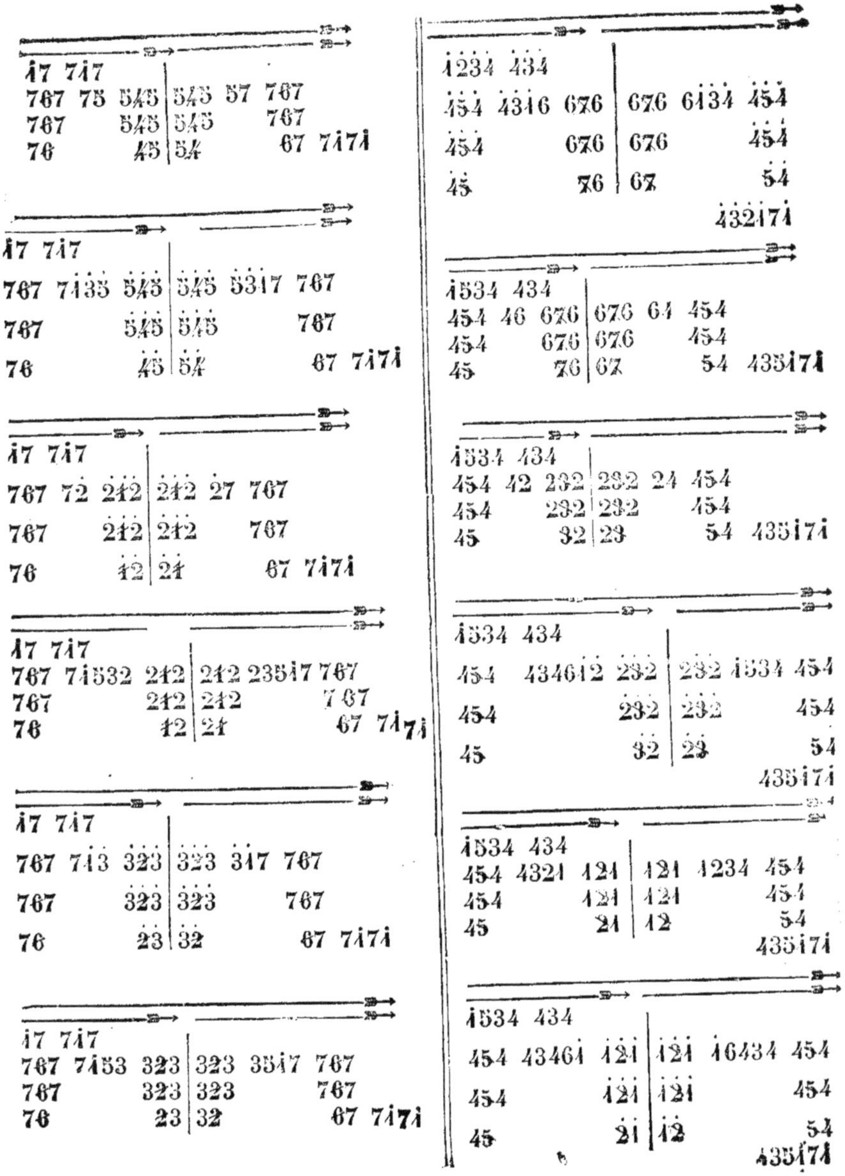

17 717
767 75 545 | 545 57 767
767 545 | 545 767
76 45 | 54 67 7171

17 717
767 7135 545 | 545 5317 767
767 545 | 545 767
76 45 | 54 67 7171

17 717
767 72 212 | 212 27 767
767 212 | 212 767
76 12 | 21 67 7171

17 717
767 71532 212 | 212 23517 767
767 212 | 212 767
76 12 | 21 67 7171

17 717
767 713 323 | 323 317 767
767 323 | 323 767
76 23 | 32 67 7171

17 717
767 7153 323 | 323 3517 767
767 323 | 323 767
76 23 | 32 67 7171

1234 434
454 4316 676 | 676 6134 454
454 676 | 676 454
45 76 | 67 54
432171

1534 434
454 46 676 | 676 64 454
454 676 | 676 454
45 76 | 67 54 435171

1534 434
454 42 232 | 232 24 454
454 232 | 232 454
45 32 | 23 54 435171

1534 434
454 434612 232 | 232 1534 454
454 232 | 232 454
45 32 | 23 54
435171

1534 434
454 4321 121 | 121 1234 454
454 121 | 121 454
45 21 | 12 54
435171

1534 434
454 43461 121 | 121 16434 454
454 121 | 121 454
45 21 | 12 54
435171

TROISIÈME GROUPE.

LA DIÈSE fondamental, par **DEGRÉS CONJOINTS.**

Étude de

7654 4567 7654 4567.

Deuxième partie de la gamme de SI, MODE MAJEUR.	Deuxième partie de la gamme de SI, MODE MINEUR.

MODÈLES.

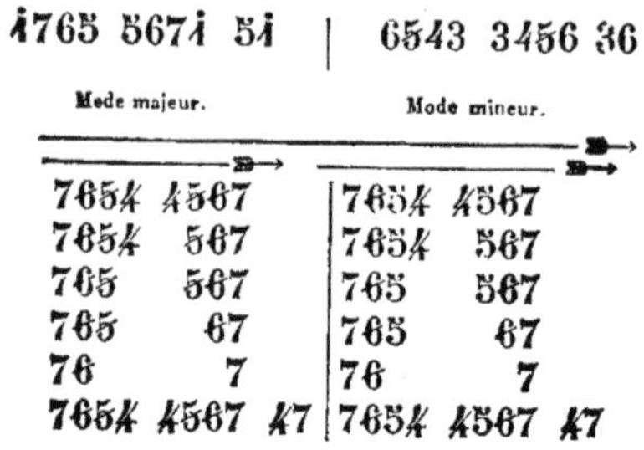

1765 5671 51	6543 3456 36
Mode majeur.	Mode mineur.

7654 4567	7654 4567
7654 567	7654 567
765 567	765 567
765 67	765 67
76 7	76 7
7654 4567 47	7654 4567 47

TROISIÈME GROUPE.

SOL BÉMOL fondamental, par **DEGRÉS CONJOINTS**

Étude de 7654 4567.

Deuxième partie de la gamme de SI BÉMOL, MODE MINEUR.

MODÈLES.

6543 3456 36	1765 5671 51
Mode mineur.	Mode majeur.

7654 4567	7654 4567
7654 567	7654 567
765 567	765 567
765 67	765 67
76 7	76 7
7654 4567 47	7654 4567 47

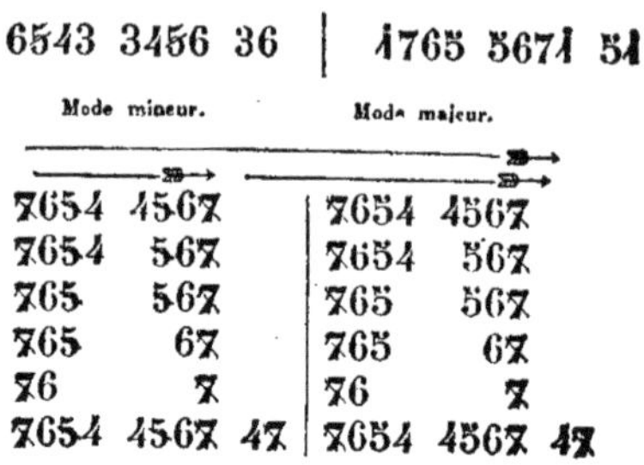

HUITIÈME SÉRIE D'EXERCICES.

ÉTUDE DU MI DIÈSE FONDAMENTAL.

Étude de

4321 1234 4321 1234.

Deuxième partie de la gamme de FA DIÈSE, MODE MINEUR.	Deuxième partie de la gamme de FA DIÈSE, MODE MAJEUR.

MODÈLES.

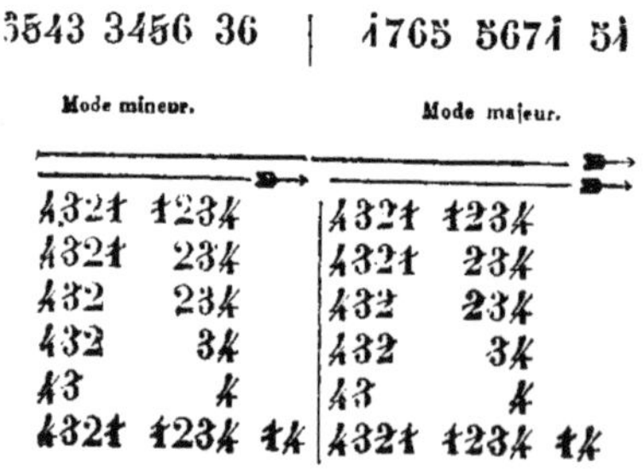

6543 3456 36	1765 5671 51
Mode mineur.	Mode majeur.

4321 1234	4321 1234
4321 234	4321 234
432 234	432 234
432 34	432 34
43 4	43 4
4321 1234 14	4321 1234 14

ÉTUDE DE L'UT BÉMOL FONDAMENTAL.

Étude de 3217 7123.

Deuxième partie de la gamme de MI BÉMOL, MODE MINEUR.

MODÈLES.

6543 3456 36	1765 5671 51.
Mode mineur.	Mode majeur.

3217 7123	3217 7123
3217 123	3217 123
321 123	321 123
321 23	321 23
32 3	32 3
3217 7123 73	3217 7123 73

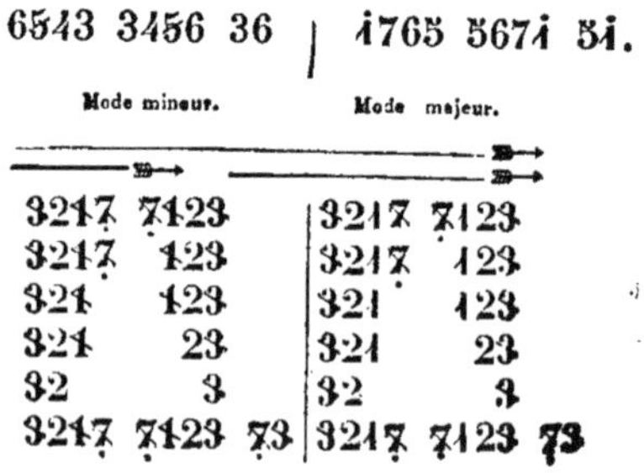

NEUVIÈME SÉRIE D'EXERCICES.

ÉTUDE DU SI DIÈSE FONDAMENTAL.

Étude de

1765 5671 1765 5671.

Deuxième partie de la gamme de UT DIÈSE, MODE MINEUR.	Deuxième partie de la gamme d'UT DIÈSE, MODE MAJEUR.

MODÈLES.

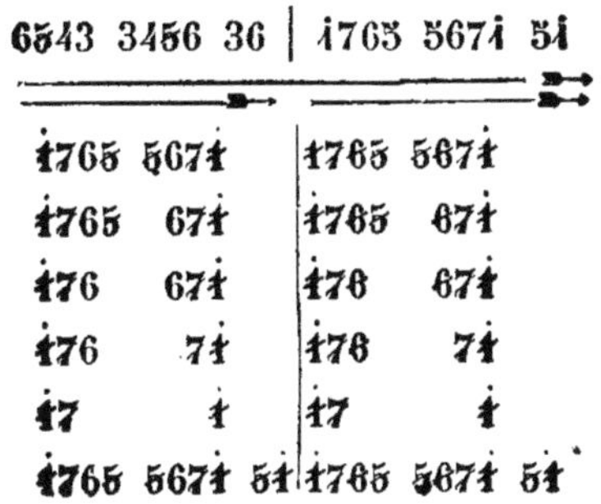

6543 3456 36 | 1765 5671 51

1765 5671	1765 5671
1765 671	1765 671
176 671	176 671
176 71	176 71
17 1	17 1
1765 5671 51	1765 5671 51

ÉTUDE DU FA BÉMOL FONDAMEN

Étude de 6543 3456.

Deuxième partie de la gamme de LA BÉMOL, MODE MINEUR.

MODÈLES.

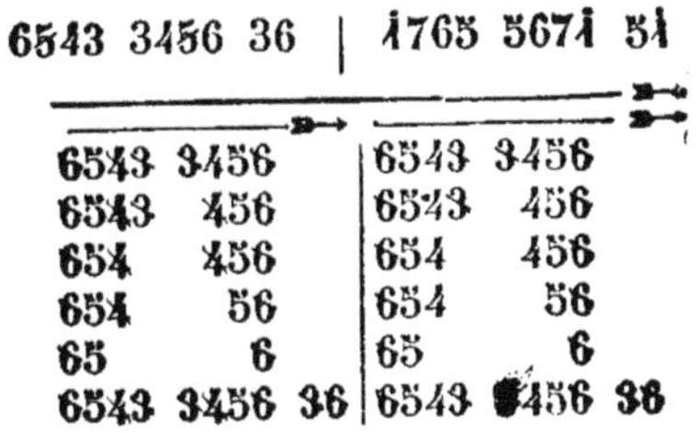

6543 3456 36 | 1765 5671 51

6543 3456	6543 3456
6543 456	6543 456
654 456	654 456
654 56	654 56
65 6	65 6
6543 3456 36	6543 3456 36

DIXIÈME SÉRIE D'EXERCICES.

Étude de la gamme CHROMATIQUE (1) PAR DIÈSES.

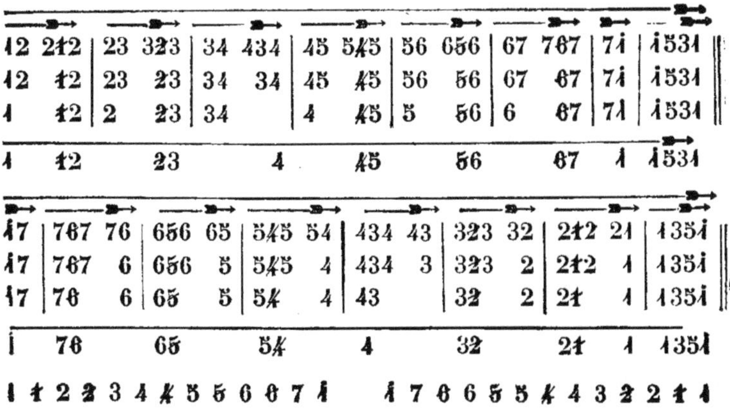

12 212	23 323	34 434	45 545	56 656	67 767	71	1531
12 12	23 23	34 34	45 45	56 56	67 67	71	1531
1 12	2 23	34	4 45	5 56	6 67	71	1531

1 12 23 4 45 56 67 1 1531

17	767 76	656 65	545 54	434 43	323 32	212 21	1351
17	767 6	656 5	545 4	434 3	323 2	212 1	1351
17	76 6	65 5	54 4	43	32 2	21 1	1351

1 76 65 54 4 32 21 1 1351

1 1 2 2 3 4 4 5 5 6 6 7 1 1 7 6 6 5 5 4 4 3 2 2 1 1

(1 Voir dans la partie théorique la signification de ce mot. Page 239.)

Étude de la gamme CHROMATIQUE (1) PAR BÉMOLS.

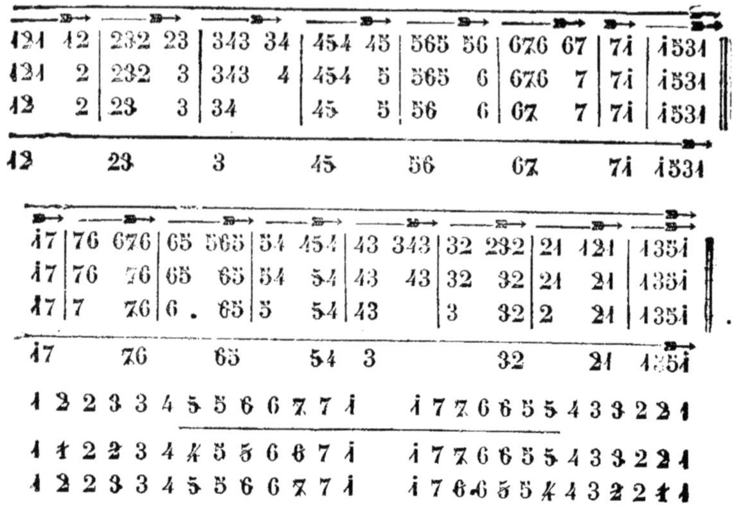

121 12	232 23	343 34	454 45	565 56	676 67	71	1531
121 2	232 3	343 4	454 5	565 6	676 7	71	1531
12 2	23 3	34	45 5	56 6	67 7	71	1531

12 23 3 45 56 67 71 1531

17	76 676	65 565	54 454	43 343	32 232	21 121	1351
17	76 76	65 65	54 54	43 43	32 32	21 21	1351
17	7 76	6 . 65	5 54	43	3 32	2 21	1351

17 76 65 54 3 32 21 1351

1 2 2 3 3 4 5 5 6 6 7 7 1   1 7 7 6 6 5 5 4 3 3 2 2 1

1 1 2 2 3 4 4 5 5 6 6 7 1   1 7 7 6 6 5 5 4 3 3 2 2 1

1 2 2 3 3 4 5 5 6 6 7 7 1   1 7 6 6 5 5 4 4 3 2 2 1 1

Étude de la gamme ENHARMONIQUE (1).

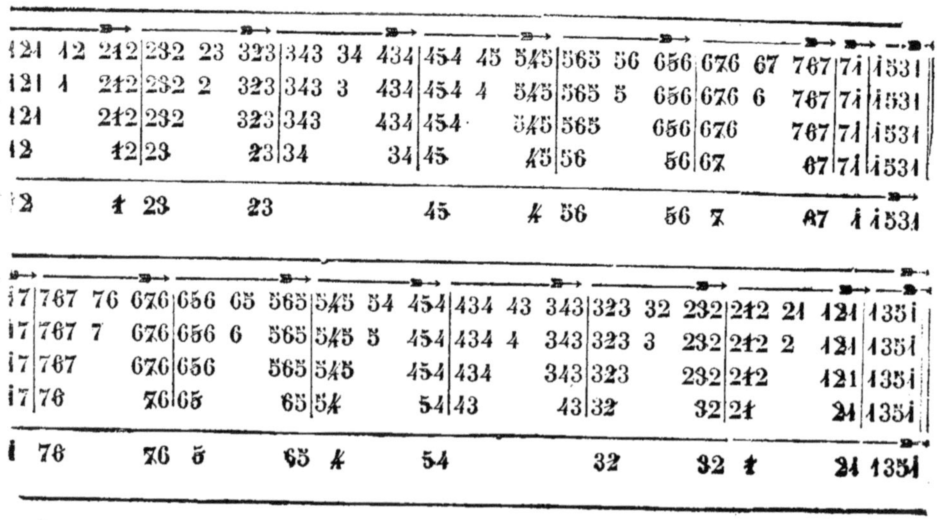

121 12 212	232 23 323	343 34 434	454 45 545	565 56 656	676 67 767	71	1531
121 1 212	232 2 323	343 3 434	454 4 545	565 5 656	676 6 767	71	1531
121 212	232 323	343 434	454 545	565 656	676 767	71	1531
12 12	23 23	34 34	45 45	56 56	67 67	71	1531

2 1 23 23 45 4 56 56 7 67 1 1531

17	767 76 676	656 65 565	545 54 454	434 43 343	323 32 232	212 21 121	1351
17	767 7 676	656 6 565	545 5 454	434 4 343	323 3 232	212 2 121	1351
17	767 676	656 565	545 454	434 343	323 232	212 121	1351
17	76 76	65 65	54 54	43 43	32 32	21 21	1351

1 76 76 5 65 4 54 32 32 1 21 1351

(1) Voir dans la partie théorique la signification de ce mot.

QUATRIÈME CLASSE.

Étude pratique de la mesure.

N.-B. Avant de commencer l'étude pratique de la mesure, il faut :

1° Avoir étudié dans la partie théorique de cet ouvrage, page 251 et suivantes, le livre 2e qui traite de la mesure;

2° Être parfaitement maître de l'exercice d'intonation n° 3, page 39.

Nous suivons pour l'étude de la mesure, comme pour celle de l'intonation, le principe qui défend d'attaquer à la fois plusieurs difficultés; or, comme il est bien plus facile de faire une seule opération que d'en faire deux à la fois, nous emploierons d'abord, *pour marquer la mesure, la voix seule, avant d'y employer simultanément la voix et la main.*

Comment on doit marquer la mesure au moyen de la voix. Pour s'habituer à marquer régulièrement les temps de la mesure, il faut s'exercer *à dire à haute voix* et TRÈS-RÉGULIÈREMENT la syllabe TA, a des intervalles égaux, comme si l'on voulait imiter le bruit que fait le balancier d'une pendule quand il est en mouvement.

Il importe peu que la durée qui s'écoule d'une syllabe à l'autre soit plus ou moins longue, pourvu qu'elle soit toujours la même entre deux syllabes; nous ne tenons ici qu'à la RÉGULARITÉ.

Comment on doit marquer la mesure avec la voix et la main droite simultanément. (Conseils sur la rapidité et l'étendue des mouvements que la main doit faire pour battre la mesure).

1° Les mouvements de la main doivent être faits d'une manière nette, et même un peu brusque, qui porte rapidement la main dans la direction indiquée par le mot que l'on prononce. Ce mot doit être prononcé très-vivement, de telle sorte que la main, se déplaçant à point nommé, puisse séjourner le temps voulu au point où l'aura portée chaque déplacement.

2° Il faut avoir soin de ne pas faire parcourir à la main, pour chaque déplacement, une étendue trop différente, parce que cela nuirait à l'égalité des mouvements.

Pour marquer la mesure avec la voix et la main simultanément, nous nous servirons d'abord des mots qui indiquent de quel côté doit se porter la main pour battre les différents temps d'une mesure, soit à deux temps, soit à trois temps, soit à quatre temps.

Pour battre la mesure à DEUX TEMPS, nous emploierons pour le *premier temps* le mot *plancher*, et pour le *deuxième* le mot *plafond,* parce que ces deux mots indiquent que la main doit marquer le premier temps en se dirigeant vers le plancher et le second en se dirigeant vers le plafond.

Il faut, avant d'aller plus loin, s'exercer à battre la mesure à deux temps, comme nous venons de l'indiquer, c'est-à-dire frapper le premier temps sur son genou ou sur une table, en prononçant le mot plancher, et relever la main pour le deuxième en disant le mot plafond. Il faut suivre rigoureusement, pour battre la mesure, les conseils donnés ci-dessus.

Pour battre la mesure à TROIS TEMPS, nous emploierons, pour le *premier temps* le mot *plancher*, pour le *deuxième* le mot *droite*, et pour le *troisième*, le mot *plafond*, parce que ces trois mots indiquent que la main doit marquer le premier temps en se dirigeant vers le plancher, le deuxième en se dirigeant à droite, et le troisième en se dirigeant vers le plafond.

Il faut, avant d'aller plus loin, s'exercer à battre la mesure à trois temps, comme nous venons de l'indiquer, c'est-à-dire frapper le *premier temps* sur son genou ou sur une table en disant *plancher*, le *deuxième* à droite en disant le mot *droite*, et relever la main pour le *troisième* en disant le mot *plafond*. Il faut suivre rigoureusement, pour battre la mesure, les conseils donnés ci-dessus.

Pour battre la mesure à QUATRE TEMPS, nous emploierons, pour le *premier temps* le mot *plancher*, pour le *deuxième* le mot *gauche*, pour le *troisième* le mot *droite* et pour le *quatrième* le mot *plafond*, parce que ces quatre mots indiquent que la main doit marquer le premier temps en se dirigeant vers le plancher, le deuxième en se dirigeant à gauche, le troisième en se dirigeant à droite, et le quatrième en se dirigeant vers le plafond.

Il faut, avant d'aller plus loin, s'exercer à battre la mesure à quatre temps comme nous venons de l'indiquer, c'est-à-dire frapper le *premier temps* sur son genou ou sur une table en disant le mot *plancher*, le *deuxième* à gauche en disant le mot *gauche*, le *troisième* à droite en disant le mot *droite*, et le *quatrième* en relevant la main et en disant le mot *plafond*. Il faut suivre rigoureusement, pour battre la mesure, les conseils donnés ci-dessus.

Étude de la langue des durées. Lorsque l'on s'est bien exercé à battre la mesure à deux, à trois et à quatre temps, on doit s'exercer, au moyen des tableaux que nous donnons plus bas, à PARLER LA LANGUE DES DURÉES. Chacun de ces tableaux est divisé en plusieurs colonnes ; chacune des colonnes doit être étudiée en particulier. Étudiez donc, avec le plus grand soin, la première colonne avant de passer à la seconde, et ainsi de suite jusqu'à la dernière; en un mot, ne quittez une colonne pour étudier la suivante que lorsque vous en serez parfaitement maître. *Ceci est très-important ; le succès facile et prompt de l'étude tient à ce point.*

Comment on doit étudier chacune des colonnes des deux tableaux ci-dessous.

1° Il faut s'exercer à dire à haute voix, et à des distances égales, c'est-à dire avec la plus grande régularité, *mais sans battre la mesure avec la main*, les monosyllabes écrits au-dessous des points, gros et petits.

Il faut répéter cet exercice, jusqu'à ce que, à la vue d'une coupe, on puisse dire son nom en mesure, avec facilité, et sans la moindre hésitation.

2° Il faut refaire la même opération ; mais, cette fois, *en marquant avec la main* la mesure à deux, à trois, ou à quatre temps, selon le nombre des temps qui se trouvent dans la colonne.

Nous répétons encore ici qu'il faut avoir soin de déplacer brusquement la main, pour marquer l'origine de chaque temps, afin qu'elle reste complétement immobile à la place qu'elle doit occuper pendant la durée d'un temps à l'autre.

PREMIÈRE COLONNE.		DEUXIÈME COLONNE.	TROISIÈME COLONNE.	QUATRIÈME COLONN[E]
En étudiant cette colonne, on s'habitue à faire correspondre les mouvements de la main à ceux du gosier.		En étudiant cette colonne, on s'habitue à produire deux mouvements du gosier pour un seul mouvement de la main.	En étudiant cette colonne, on s'habitue à produire quatre mouvements du gosier pour un seul mouvement de la main.	En étudiant cette colonne, on s'habitue à produire huit mouvements du gosier pour un seul mouvement de la main.
Les temps ne sont pas divisés.		Les temps sont divisés par deux.	Les temps sont divisés par quatre.	Le temps est divisé par huit.
2 mesures à quatre temps.		1 mesure à quatre temps.	1 mesure à deux temps.	$^1/_2$ mesure à deux temp[s]
ta, ta, ta, ta,	ta, ta, ta, ta,	ta té, ta té, ta té, ta té,	ta fa té fé, ta fa té fé,	ta za fa na té zé fé n
ta, ta, a, ta,	a, ta, ta, ta,	ta, té a té, a té, ta té,	ta fa é fé, a fa té fé,	ta za a na é zé fé né
ta, ta, a, a,	a, a, ta, ta,	ta té, aé, aé, ta té,	ta fa éé, aa té fé,	ta za aa éé fé né
ta, ta, ta, a,	a, a, a, ta,	ta té, ta é, a é, a té,	ta fa té é aa é fé,	ta za fa a té zé fé é
ta, ta, ta, ta,	a, ta, a, ta,	ta té, ta té, a té, a té,	ta fa té fé, a fa é fé,	ta za fa na é zé é né
ta, a, ta, ta,	a, ta, a, a,	ta é, ta té, a té, a é,	ta a té fé, a fa é é,	ta a fa na té é fé né
ta, a, a, ta,	a, ta, ta, a,	ta é, a té, a té, ta é,	ta a é fé, a fa té é	taa a na té é é né
ta, ta, ta, ta,	ta, ta, ta, ta,	ta té, ta té, ta té, ta té,	ta fa té fé, ta fa té fé,	ta za fa na té zé fé né
ta, ta, ta, chu,	u, ta, ta, ta,	ta té, ta chu, u té ta té,	ta fa té chu, u fa té fé,	ta za fa chu, té zé fé chu
ta, ta, chu, u,	u, u, ta, ta,	ta té, chu u, u u, ta té,	ta fa chu u, u u té fé,	ta za chu u, té zé chu u
ta, ta, chu, ta,	chu, u, u, ta,	ta té, chu té, chu u, u té,	ta fa chu fé, chu u u fé,	ta za chu na té zé chu né
ta, chu, u, ta,	chu, ta, chu, ta,	ta chu, u té, chu té, chu té,	ta chu u fé, chu fa chu té,	ta chu u na té chu u né,
ta, chu, ta, ta,	chu, ta, chu, u,	ta chu, ta té, chu té, chu u,	ta chu té fé, chu fa chu u,	ta chu fa na té chu fé né.
ta, chu, ta, chu,	u, ta, ta, chu,	ta chu, ta, chu, u té, ta chu,	ta chu té chu, u fa té chu	ta chu fa chu té chu fé chu

1re COLONNE.	2e COLONNE.	3e COLONNE.
En étudiant cette colonne, on s'habitue à produire trois mouvements du gosier pour un seul mouvement de la main. Les temps sont divisés par trois.	En étudiant cette colonne, on s'habitue à produire six mouvements du gosier pour un seul mouvement de la main. Les temps sont divisés par six.	En étudiant cette colonne, on s'habitue à produire neuf mouvements du gosier, pour un seul mouvement de la main. Les temps sont divisés par neuf.
 ta té ti, a é ti,	ta fa té fé ti fi, ta fa té fé i fi,	ta ra la té ré lé ti ri li, ta ra la té ré lé i ri li,
ta é ti, a té ti,	ta fa té fé ti i, ta fa té é i fi,	ta ra la té ré lé ti i i, ta ra la té é é i ri li,
ta é i, a té i,	ta fa té é ti i, ta fa é é i fi,	ta ra la té é é ti i i, ta ra la é é é i ri li,
ta té i, a é i,	ta fa té é, ti fi, ta fa é é ti fi,	ta ra la té é é ti ri li, ta ra la é é é ti ri li,
ta té ti, chu u ti,	ta a té é ti fi, ta fa é fé ti fi,	ta a a té é é ti ri li, ta ra la é ré lé ti ri li,
ta é ti, chu té ti,	ta a té fé ti fi, ta fa é fé ti i,	ta a a té ré lé ti ri li, ta ra la é ré lé ti i i,
ta é i, chu té chu,	ta a té fé ti i, ta fa é fé i fi,	ta a a té ré lé ti i i, ta ra la é ré lé i ri li,
ta té ti, chu u u,	ta a é fé i fi, ta chu té chu ti chu,	ta a a é ré lé i ri li, ta a a chu ré lé ti ri li,
ta té chu, u u u,	ta a é fé ti i, ta a chu fé ti fi,	ta a a é ré lé ti i i, ta a a chu u u ti ri li,
ta é chu, u té chu,	ta a é é ti fi, ta a chu u ti fi,	ta a a é ré lé ti ri li, ta a a chu u u u ri li,
ta chu u, u té ti,	ta a é é ti fi, ta a chu u u fi,	ta a a é é é ti ri li, chu u u u u u u ri li,
ta chu ti, chu u ti,	ta a é é i fi, chu u u u u fi,	ta a a é é é i ri li, chu u u u u u ti ri li,
chu u ti, a é ti,	ta a té é i fi, chu u u u ti fi,	ta a a té é é i ri li, chu u u u ré lé ti ri li,
chu té ti, a té ti,	ta a té fé i fi, chu u u fé ti fi,	ta a a té ré lé i ri li, chu u u té ré lé ti ri li,

Observations importantes sur la manière d'étudier la mesure.

N. B. Il ne faut pas commencer l'étude des exercices de mesure qui vont suivre avant de s'être rendu parfaitement maître des deux tableaux, pages 101 et 102, contenant la langue des durées.

Rappelons ici, comme chose très-importante, que :

1° Lorsqu'une colonne ne contiendra que des *temps non divisés*, on ne fera *qu'un mouvement du gosier* pour chacun des mouvements de la main.

2° Lorsqu'une colonne contiendra un ou plusieurs *temps divisés par deux*, *tous les temps devront être considérés comme étant divisés par deux* ; on fera donc *deux mouvements du gosier* pour chacun des mouvements de la main.

3° Lorsqu'une colonne contiendra un ou plusieurs *temps divisés par quatre*, *tous les temps devront être considérés comme étant divisés par quatre ;* on fera donc quatre *mouvements du gosier* pour chacun des mouvements de la main.

4° Lorsqu'une colonne contiendra un ou plusieurs *temps divisés par huit*, *tous les temps devront être considérés comme étant divisés par huit ;* on fera donc *huit mouvements du gosier* pour chacun des mouvements de la main.

5° Lorsqu'une colonne contiendra un ou plusieurs *temps divisés par trois*, *tous les temps devront être considérés comme étant divisés par trois ;* on fera donc *trois mouvements du gosier* pour chacun des mouvements de la main.

6° Lorsqu'une colonne contiendra un ou plusieurs *temps divisés par six*, *tous les temps devront être considérés comme étant divisés par six* ; on fera donc *six mouvements du gosier* pour chacun des mouvements de la main.

7° Lorsqu'une colonne contiendra un ou plusieurs *temps divisés par neuf*, *tous les temps devront être considérés comme étant divisés par neuf ;* on fera donc *neuf mouvements du gosier* pour chacun des mouvements de la main.

Comment on doit étudier chacune des colonnes dans les exercices de mesure en chiffres.

1° Il faut battre la mesure en disant la langue des durées, comme si elle était écrite.

Cette opération ne sera pas difficile si l'on veut remarquer que les chiffres, ns les tableaux qui vont suivre, remplacent les gros points des tableaux précé- nts, et doivent porter, selon la position qu'ils occupent, les noms que porte- ient les gros points dans la même position.

EXEMPLE. { 1 2 3 . .2 |
Ta té ta é a é a té.

2° Il faut chanter les notes en mesure, sans battre la mesure avec la main.

Cette opération ne sera pas plus difficile que la précédente, si l'on veut remarquer que l'articulation des sons, qui remplace la langue des durées, doit être calquée exactement sur la langue qu'elle remplace.

EXEMPLE.	
Écriture en chiffres.	$\overline{1\ 2}$ 3 4 $\overline{.5}$
Première opération, langue des durées.	Ta té ta é ta é a té.
Deuxième opération, sons chantés. . .	$\overline{\text{Ut ré}}$ mi i fa a $\overline{\text{a sol}}$

On voit que pour chaque note les coups de gosier doivent correspondre exactement aux syllabes de la langue des durées.

3° Il faut battre la mesure en chantant comme nous venons de l'indiquer, c'est-à-dire en faisant correspondre exactement, pour chaque son, les coups de gosier aux syllabes de la langue des durées.

4° Dans la division binaire, on trouvera quelquefois en tête du Tableau l'indication suivante : « Il faut étudier d'abord chaque colonne à *quatre temps*, et ensuite à *deux temps*. » On obtient ce résultat en doublant toutes les durées : l'entier devient deux temps, la moitié un temps, le quart un demi-temps, et le huitième un quart. Il suffit pour faire cela, d'enlever, par la pensée, la barre supérieure qui recouvre les moitiés, les quarts et les huitièmes, ce qui les transforme en entiers, moitiés et quarts ; quand on rencontre des entiers, on les suppose suivis d'un point.

5° Dans la division ternaire, on trouvera quelquefois en tête du Tableau l'indication suivante : « Il faut étudier d'abord chaque colonne en *deux fois trois temps*, puis ensuite à *deux temps*. » On obtient ce résultat en triplant toutes les durées. L'entier devient trois temps, le tiers devient un temps, le sixième un demi-temps, et le neuvième un tiers. Il suffit, pour faire cela, d'enlever, par la pensée, la barre supérieure qui recouvre les tiers, les sixièmes et les neuvièmes, ce qui les transforme en entiers, en moitiés et en tiers. Quand on rencontre des entiers, on les suppose suivis de deux points.

On peut, lorsqu'on s'est rendu parfaitement maître des deux premières colonnes du tableau général, étudier, plus loin, les exercices qui s'y rapportent. On peut donc n'étudier la troisième colonne du tableau général qu'après avoir étudié les exercices qui se rapportent aux deux premières. De même on peut n'étudier la quatrième colonne du tableau général qu'après avoir étudié les exercices qui se rapportent à la troisième.

Dans tous les exercices de mesure qui vont suivre, comme dans tous les exercices d'intonation qui précèdent, on prend l'UT à la hauteur qui permet de faire le plus facilement les exercices.

PREMIÈRE SÉRIE.

DIVISION BINAIRE.

TABLEAU GÉNÉRAL DES COUPES.

PREMIER GROUPE.

Première colonne.		Deuxième colonne.	Troisième colonne.	Quatrième colonne.	
1234	5432	12 34 54 32	12 34 54 32	12 34 54 32	
1234	5.43	12 34 5 43	12 34 5 43	12 34 5 43	
1234	5432	12 34 54 32	12 34 54 32	12 34 54 32	
1234	543.	12 34 54 3	12 34 54 3	12 34 54 3	
1234	32..	12 34 32 .	12 34 32 .	12 34 32 .	
1234	54.3	12 34 54 .3	12 34 54 .3	12 34 54 .3	
1234	3..2	12 34 3 .2	12 34 3 .2	12 34 3 .2	
1234	...5	12 34 . .5	12 34 . .5	12 34 . .5	
1234	..32	12 34 . 32	12 34 . 32	12 34 . 32	
1234	.543	12 34 .5 43	12 34 .5 43	12 34 .5 43	
1234	.32.	12 34 .3 2	12 34 .3 2	12 34 .3 2	
1234	.5..	12 34 .5 .	12 34 .5 .	12 34 .5 .	
1234	.3.2	12 34 .3 .2	12 34 .3 .2	12 34 .3 .2	1

DEUXIÈME GROUPE.

1234	5043	12 34 50 43	12 34 50 43	12 34 50 43	
1234	3020	12 34 30 20	12 34 30 20	12 34 30 20	
1234	5430	12 34 54 30	12 34 54 30	12 34 54 30	
1234	3200	12 34 32 0	12 34 32 0	12 34 32 0	
1234	5403	12 34 54 03	12 34 54 03	12 34 54 03	
1234	3002	12 34 30 02	12 34 30 02	12 34 30 02	
1234	0005	12 34 0 05	12 34 0 05	12 34 0 05	
1234	0032	12 34 0 32	12 34 0 32	12 34 0 32	
1234	0543	12 34 05 43	12 34 05 43	12 34 05 43	
1234	0320	12 34 03 20	12 34 03 20	12 34 03 20	
1234	0500	12 34 05 0	12 34 05 0	12 34 05 0	
1234	0302	12 34 03 02	12 34 03 02	12 34 03 02	1

*Exercices sur les coupes de la première **et de la seconde colonne** du Tableau général.*

PREMIER GROUPE.

1	2	3	$\overline{45}$	1	$\overline{23}$	.	.	$\overline{12}$	3	4	$\overline{.5}$	$\overline{12}$	$\overline{.3}$	$\overline{43}$	2	1	.	2	$\overline{32}$
1	2	3	2	1	$\overline{23}$	.	$\overline{.2}$	$\overline{12}$	3	2	.	$\overline{12}$	$\overline{.3}$	$\overline{45}$	$\overline{43}$	1	.	2	3
1	2	3	.	1	$\overline{23}$	$\overline{.4}$	$\overline{.5}$	$\overline{12}$	3	4	5	1	$\overline{.2}$	$\overline{34}$	$\overline{32}$	1	.	2	.
1	2	3	$\overline{.2}$	1	$\overline{23}$	$\overline{.2}$	.	$\overline{12}$	3	4	$\overline{32}$	1	$\overline{.2}$	$\overline{34}$	5	1	.	2	$\overline{.3}$
1	2	.	$\overline{.3}$	1	$\overline{23}$	$\overline{.4}$	5	$\overline{12}$	3	.	$\overline{45}$	1	$\overline{.2}$	$\overline{32}$	.	1	.	$\overline{23}$	$\overline{.2}$
1	2	.	.	1	$\overline{23}$	$\overline{.4}$	$\overline{32}$	$\overline{12}$	3	.	2	1	$\overline{.2}$	$\overline{34}$	$\overline{.5}$	1	.	$\overline{23}$	.
1	2	.	3	$\overline{12}$	$\overline{34}$	$\overline{.5}$	$\overline{43}$	$\overline{12}$	3	.	.	1	$\overline{.2}$	3	$\overline{.2}$	1	.	$\overline{23}$	2
1	2	.	$\overline{32}$	$\overline{12}$	$\overline{34}$	$\overline{.3}$	2	$\overline{12}$	3	.	$\overline{.2}$	1	$\overline{.2}$	3	.	1	.	$\overline{23}$	$\overline{45}$
1	2	$\overline{.3}$	$\overline{45}$	$\overline{12}$	$\overline{34}$	$\overline{.5}$	.	$\overline{12}$	3	$\overline{.4}$	$\overline{.5}$	1	$\overline{.2}$	3	2	$\overline{12}$	.	$\overline{34}$	$\overline{32}$
1	2	$\overline{.3}$	2	$\overline{12}$	$\overline{34}$	$\overline{.3}$	$\overline{.2}$	$\overline{12}$	3	$\overline{.2}$	.	1	$\overline{.2}$	3	$\overline{45}$	$\overline{12}$	.	$\overline{34}$	5
1	2	$\overline{.3}$	.	$\overline{12}$	$\overline{34}$	.	$\overline{.5}$	$\overline{12}$	3	$\overline{.4}$	5	1	$\overline{.2}$	.	$\overline{32}$	$\overline{12}$	.	$\overline{34}$	.
1	2	$\overline{3}$	$\overline{.2}$	$\overline{12}$	$\overline{32}$	.	.	$\overline{12}$	3	$\overline{.4}$	$\overline{32}$	1	$\overline{.2}$	.	3	$\overline{12}$	.	$\overline{34}$	$\overline{.5}$
1	2	$\overline{34}$	$\overline{.5}$	$\overline{12}$	$\overline{34}$	.	5	$\overline{12}$	$\overline{.3}$	$\overline{.4}$	$\overline{32}$	1	$\overline{.2}$	.	.	$\overline{12}$	.	3	$\overline{.2}$
1	2	$\overline{32}$	.	$\overline{12}$	$\overline{34}$	.	$\overline{32}$	$\overline{12}$	$\overline{.3}$	$\overline{.4}$	5	1	$\overline{.2}$	.	$\overline{.3}$	$\overline{12}$	.	3	.
1	2	$\overline{34}$	5	$\overline{12}$	$\overline{34}$	5	$\overline{43}$	$\overline{12}$	$\overline{.3}$	$\overline{.2}$	.	1	$\overline{.2}$	$\overline{.3}$	$\overline{.2}$	$\overline{12}$	.	3	2
1	2	$\overline{34}$	$\overline{32}$	$\overline{12}$	$\overline{34}$	3	2	$\overline{12}$	$\overline{.3}$	$\overline{.4}$	$\overline{.5}$	1	$\overline{.2}$	$\overline{.3}$	.	$\overline{12}$	.	3	$\overline{45}$
1	$\overline{23}$	$\overline{45}$	$\overline{43}$	$\overline{12}$	$\overline{34}$	5	.	$\overline{12}$	$\overline{.3}$	.	$\overline{.2}$	1	$\overline{.2}$	$\overline{.3}$	2	$\overline{12}$	.	.	$\overline{32}$
1	$\overline{23}$	$\overline{43}$	2	$\overline{12}$	$\overline{34}$	3	$\overline{.2}$	$\overline{12}$	$\overline{.3}$	.	.	1	$\overline{.2}$	$\overline{.3}$	$\overline{45}$	$\overline{12}$	.	.	3
1	$\overline{23}$	$\overline{45}$	.	$\overline{12}$	$\overline{34}$	$\overline{54}$	$\overline{.3}$	$\overline{12}$	$\overline{.3}$	.	2	1	.	$\overline{.2}$	$\overline{32}$	$\overline{12}$	.	.	.
1	$\overline{23}$	$\overline{43}$	$\overline{.2}$	$\overline{12}$	$\overline{34}$	$\overline{32}$	.	$\overline{12}$	$\overline{.3}$	.	$\overline{45}$	1	.	$\overline{.2}$	3	$\overline{12}$	.	.	$\overline{.3}$
1	$\overline{23}$	4	$\overline{.5}$	$\overline{12}$	$\overline{34}$	$\overline{54}$	3	$\overline{12}$	$\overline{.3}$	4	$\overline{32}$	1	.	$\overline{.2}$	.	$\overline{12}$	.	$\overline{.3}$	$\overline{.2}$
1	$\overline{23}$	2	.	$\overline{12}$	$\overline{34}$	$\overline{54}$	$\overline{32}$	$\overline{12}$	$\overline{.3}$	4	5	1	.	$\overline{.2}$	$\overline{.3}$	$\overline{12}$	.	$\overline{.3}$	.
1	$\overline{23}$	4	5	$\overline{12}$	3	$\overline{45}$	$\overline{43}$	$\overline{12}$	$\overline{.3}$	2	.	1	.	.	$\overline{.2}$	$\overline{12}$	.	$\overline{.3}$	2
1	$\overline{23}$	4	$\overline{32}$	$\overline{12}$	3	$\overline{43}$	2	$\overline{12}$	$\overline{.3}$	4	$\overline{.5}$	1	.	.	.	$\overline{12}$	.	$\overline{.3}$	$\overline{45}$
1	$\overline{23}$	.	$\overline{45}$	$\overline{12}$	3	$\overline{45}$	.	$\overline{12}$	$\overline{.3}$	$\overline{43}$	$\overline{.2}$	1	.	.	2	$\overline{12}$	.	$\overline{.3}$	$\overline{45}$
1	$\overline{23}$	.	2	$\overline{12}$	3	$\overline{43}$	$\overline{.2}$	$\overline{12}$	$\overline{.3}$	$\overline{45}$	.	1	.	.	$\overline{23}$	$\overline{12}$	.	$\overline{.3}$	1

DEUXIÈME GROUPE.

1	$\overline{23}$	$\overline{40}$	$\overline{32}$	$\overline{12}$	3	$\overline{43}$	$\overline{02}$	$\overline{12}$	$\overline{.3}$	$\overline{04}$	$\overline{32}$	$\overline{10}$	$\overline{20}$	$\overline{03}$	$\overline{.2}$	$\overline{12}$	0	0	$\overline{32}$	
1	$\overline{23}$	$\overline{40}$	$\overline{50}$	$\overline{12}$	3	$\overline{40}$	$\overline{05}$	$\overline{12}$	$\overline{.3}$	$\overline{04}$	$\overline{50}$	$\overline{10}$	$\overline{20}$	$\overline{03}$	.	$\overline{12}$	0	0	$\overline{03}$	
1	$\overline{23}$	$\overline{43}$	$\overline{20}$	$\overline{12}$	3	0	$\overline{02}$	$\overline{12}$	$\overline{.3}$	$\overline{02}$	0	$\overline{10}$	$\overline{20}$	$\overline{03}$	2	$\overline{12}$	0	3	$\overline{.2}$	
1	$\overline{23}$	$\overline{45}$	0	$\overline{12}$	3	0	$\overline{45}$	$\overline{12}$	$\overline{.3}$	$\overline{04}$	$\overline{05}$	$\overline{10}$	$\overline{20}$	$\overline{03}$	$\overline{45}$	$\overline{12}$	0	$\overline{34}$	$\overline{.5}$	
1	$\overline{23}$	$\overline{43}$	$\overline{02}$	$\overline{12}$	3	$\overline{04}$	$\overline{32}$	1	$\overline{.2}$	$\overline{03}$	$\overline{02}$	$\overline{10}$	$\overline{20}$	0	$\overline{32}$	$\overline{12}$	0	$\overline{32}$	.	
1	$\overline{23}$	$\overline{40}$	$\overline{05}$	$\overline{12}$	3	$\overline{04}$	$\overline{50}$	1	$\overline{.2}$	$\overline{03}$	0	$\overline{10}$	$\overline{20}$	0	$\overline{03}$	$\overline{12}$	0	$\overline{34}$	5	
1	$\overline{23}$	0	$\overline{02}$	$\overline{12}$	3	$\overline{02}$	0	1	$\overline{.2}$	$\overline{03}$	$\overline{20}$	$\overline{10}$	$\overline{20}$	3	$\overline{.2}$	$\overline{12}$	0	$\overline{34}$	$\overline{32}$	
1	$\overline{23}$	0	$\overline{45}$	$\overline{12}$	3	$\overline{04}$	$\overline{05}$	1	$\overline{.2}$	$\overline{03}$	$\overline{45}$	$\overline{10}$	$\overline{20}$	$\overline{34}$	$\overline{.5}$	$\overline{12}$	0	3	$\overline{45}$	
1	$\overline{23}$	$\overline{04}$	$\overline{32}$	$\overline{12}$	.	$\overline{03}$	$\overline{02}$	1	$\overline{.2}$	0	$\overline{32}$	$\overline{10}$	$\overline{20}$	$\overline{32}$	.	$\overline{12}$	$\overline{03}$	4	$\overline{32}$	
1	$\overline{23}$	$\overline{04}$	$\overline{50}$	$\overline{12}$	.	$\overline{03}$	0	1	$\overline{.2}$	0	$\overline{03}$	$\overline{10}$	$\overline{20}$	$\overline{34}$	5	$\overline{12}$	$\overline{03}$	$\overline{45}$	$\overline{43}$	
1	$\overline{23}$	$\overline{02}$	0	$\overline{12}$	.	$\overline{03}$	$\overline{20}$	1	$\overline{.2}$	$\overline{30}$	$\overline{02}$	$\overline{10}$	$\overline{20}$	$\overline{34}$	$\overline{32}$	$\overline{12}$	$\overline{03}$	$\overline{43}$	2	
1	$\overline{23}$	$\overline{04}$	$\overline{05}$	$\overline{12}$	.	$\overline{03}$	$\overline{45}$	1	$\overline{.2}$	$\overline{34}$	$\overline{05}$	$\overline{10}$	$\overline{20}$	3	$\overline{45}$	$\overline{12}$	$\overline{03}$	$\overline{45}$	[illegible]	
$\overline{12}$	$\overline{34}$	$\overline{03}$	$\overline{02}$	$\overline{12}$	.	0	$\overline{32}$	1	$\overline{.2}$	$\overline{32}$	0	$\overline{12}$	$\overline{30}$	4	$\overline{32}$	$\overline{12}$	$\overline{03}$	$\overline{43}$	$\overline{.2}$	
$\overline{12}$	$\overline{34}$	$\overline{05}$	0	$\overline{12}$	.	0	$\overline{03}$	1	$\overline{.2}$	$\overline{34}$	$\overline{50}$	$\overline{12}$	$\overline{30}$	$\overline{45}$	$\overline{43}$	$\overline{12}$	$\overline{03}$	4	$\overline{.5}$	
$\overline{12}$	$\overline{34}$	$\overline{04}$	2	$\overline{12}$	.	$\overline{30}$	$\overline{02}$	1	$\overline{.2}$	$\overline{30}$	$\overline{20}$	$\overline{12}$	$\overline{30}$	$\overline{43}$	2	$\overline{12}$	$\overline{03}$	.	$\overline{.2}$	
$\overline{12}$	$\overline{34}$	$\overline{03}$	$\overline{20}$	$\overline{12}$	.	$\overline{34}$	$\overline{05}$	1	$\overline{.2}$	$\overline{30}$	$\overline{45}$	$\overline{12}$	$\overline{30}$	$\overline{45}$	.	$\overline{12}$	$\overline{03}$	.	$\overline{45}$	
$\overline{12}$	$\overline{34}$	$\overline{05}$	$\overline{43}$	$\overline{12}$	.	$\overline{32}$	0	$\overline{10}$	$\overline{23}$	4	$\overline{32}$	$\overline{12}$	$\overline{30}$	$\overline{43}$	$\overline{.2}$	$\overline{12}$	$\overline{03}$	$\overline{.4}$	$\overline{32}$	
$\overline{12}$	$\overline{34}$	0	$\overline{05}$	$\overline{12}$	.	$\overline{34}$	$\overline{50}$	$\overline{10}$	$\overline{23}$	$\overline{45}$	$\overline{43}$	$\overline{12}$	$\overline{30}$	4	$\overline{.5}$	$\overline{12}$	$\overline{03}$	$\overline{.4}$	5	
$\overline{12}$	$\overline{34}$	$\overline{30}$	$\overline{02}$	$\overline{12}$	.	$\overline{30}$	$\overline{20}$	$\overline{10}$	$\overline{23}$	$\overline{43}$	2	$\overline{12}$	$\overline{30}$	0	$\overline{02}$	$\overline{12}$	$\overline{03}$	$\overline{.2}$	.	
$\overline{12}$	$\overline{34}$	$\overline{54}$	$\overline{03}$	$\overline{12}$	.	$\overline{30}$	$\overline{45}$	$\overline{10}$	$\overline{23}$	$\overline{45}$	.	$\overline{12}$	$\overline{30}$	0	$\overline{45}$	$\overline{12}$	$\overline{03}$	$\overline{.4}$	$\overline{.5}$	
$\overline{12}$	$\overline{34}$	$\overline{32}$	0	$\overline{12}$	$\overline{.3}$	$\overline{40}$	$\overline{32}$	$\overline{10}$	$\overline{23}$	$\overline{43}$	$\overline{.2}$	$\overline{12}$	$\overline{30}$	$\overline{04}$	$\overline{32}$	1	$\overline{02}$	$\overline{.3}$	$\overline{.2}$	
$\overline{12}$	$\overline{34}$	$\overline{54}$	$\overline{30}$	$\overline{12}$	$\overline{.3}$	$\overline{40}$	$\overline{50}$	$\overline{10}$	$\overline{23}$	4	$\overline{.5}$	$\overline{12}$	$\overline{30}$	$\overline{04}$	5	1	$\overline{02}$	$\overline{.3}$	.	
$\overline{12}$	$\overline{34}$	$\overline{30}$	$\overline{20}$	$\overline{12}$	$\overline{.3}$	$\overline{43}$	$\overline{20}$	$\overline{10}$	$\overline{23}$	.	$\overline{.2}$	$\overline{12}$	$\overline{30}$	$\overline{02}$	.	1	$\overline{02}$	$\overline{.3}$	2	
$\overline{12}$	$\overline{34}$	$\overline{50}$	$\overline{43}$	$\overline{12}$	$\overline{.3}$	$\overline{45}$	0	$\overline{10}$	$\overline{23}$	.	$\overline{45}$	$\overline{12}$	$\overline{30}$	$\overline{04}$	$\overline{.5}$	1	$\overline{02}$	$\overline{.3}$	$\overline{45}$	
$\overline{12}$	3	$\overline{40}$	$\overline{32}$	$\overline{12}$	$\overline{.3}$	$\overline{43}$	$\overline{02}$	$\overline{10}$	$\overline{23}$	$\overline{.4}$	$\overline{32}$	$\overline{12}$	$\overline{0}$	$\overline{03}$	$\overline{.2}$	1	$\overline{02}$	.	$\overline{32}$	
$\overline{12}$	3	$\overline{40}$	$\overline{50}$	$\overline{12}$	$\overline{.3}$	$\overline{40}$	$\overline{05}$	$\overline{10}$	$\overline{23}$	$\overline{.4}$	5	$\overline{12}$	0	$\overline{03}$	.	1	$\overline{02}$	.	$\overline{.3}$	
$\overline{12}$	3	$\overline{43}$	$\overline{20}$	$\overline{12}$	$\overline{.3}$	0	$\overline{02}$	$\overline{10}$	$\overline{23}$	$\overline{.2}$	.	$\overline{12}$	0	$\overline{03}$	2	1	$\overline{02}$	3	$\overline{.2}$	
$\overline{12}$	3	$\overline{45}$	0	$\overline{12}$	$\overline{.3}$	0	$\overline{45}$	$\overline{10}$	$\overline{23}$	$\overline{.4}$	$\overline{.5}$	$\overline{12}$	0	$\overline{03}$	$\overline{45}$	1	$\overline{02}$	$\overline{34}$	$\overline{.5}$	1

TROISIÈME GROUPE.

1	$\overline{02}$	$\overline{32}$	.	$\overline{01}$	$\overline{23}$	4	$\overline{32}$	$\overline{01}$	$\overline{02}$	3	$\overline{45}$	0	$\overline{12}$	$\overline{34}$	$\overline{05}$	$\overline{01}$	2	$\overline{03}$	$\overline{45}$	
1	$\overline{02}$	$\overline{34}$	5	$\overline{01}$	$\overline{23}$	$\overline{45}$	$\overline{43}$	$\overline{01}$	$\overline{02}$	$\overline{34}$	$\overline{32}$	0	$\overline{12}$	$\overline{30}$	$\overline{02}$	$\overline{01}$	2	$\overline{03}$	2	
1	$\overline{02}$	$\overline{34}$	$\overline{32}$	$\overline{01}$	$\overline{23}$	$\overline{43}$	2	$\overline{01}$	$\overline{02}$	$\overline{34}$	5	0	$\overline{12}$	0	$\overline{03}$	$\overline{01}$	2	$\overline{03}$	0	
1	$\overline{02}$	3	$\overline{45}$	$\overline{01}$	$\overline{23}$	$\overline{45}$	.	$\overline{01}$	$\overline{02}$	$\overline{32}$	.	0	$\overline{12}$	0	$\overline{32}$	$\overline{01}$	2	$\overline{03}$	$\overline{02}$	
0	$\overline{01}$	2	$\overline{32}$	$\overline{01}$	$\overline{23}$	$\overline{43}$	$\overline{.2}$	$\overline{01}$	$\overline{02}$	$\overline{34}$	$\overline{.5}$	0	$\overline{12}$	$\overline{03}$	$\overline{45}$	$\overline{01}$	0	$\overline{02}$	$\overline{03}$	
0	$\overline{01}$	$\overline{23}$	$\overline{45}$	$\overline{01}$	$\overline{23}$	4	$\overline{.5}$	$\overline{01}$	$\overline{02}$	3	$\overline{.2}$	0	$\overline{12}$	$\overline{03}$	2	$\overline{01}$	0	$\overline{02}$	0	
0	$\overline{01}$	$\overline{23}$	2	$\overline{01}$	$\overline{23}$	.	$\overline{.2}$	$\overline{01}$	$\overline{02}$	.	$\overline{.3}$	0	$\overline{12}$	$\overline{03}$	0	$\overline{01}$	0	$\overline{02}$	3	
0	$\overline{01}$	$\overline{23}$	.	$\overline{01}$	$\overline{23}$	.	$\overline{45}$	$\overline{01}$	$\overline{02}$	.	$\overline{32}$	0	$\overline{12}$	$\overline{03}$	$\overline{02}$	$\overline{01}$	0	$\overline{02}$	$\overline{32}$	
0	$\overline{01}$	$\overline{23}$	$\overline{.2}$	$\overline{01}$	$\overline{23}$	$\overline{.4}$	$\overline{32}$	$\overline{01}$	$\overline{02}$	$\overline{.3}$	$\overline{45}$	$\overline{01}$	$\overline{23}$	$\overline{04}$	$\overline{05}$	$\overline{01}$	0	0	$\overline{23}$	
0	$\overline{01}$	2	$\overline{.3}$	$\overline{01}$	$\overline{23}$	$\overline{.4}$	5	$\overline{01}$	$\overline{02}$	$\overline{.3}$	2	$\overline{01}$	$\overline{23}$	$\overline{02}$	0	$\overline{01}$	0	0	$\overline{02}$	
0	$\overline{01}$	.	$\overline{.2}$	$\overline{01}$	$\overline{23}$	$\overline{.2}$	.	$\overline{01}$	$\overline{02}$	$\overline{.3}$	.	$\overline{01}$	$\overline{23}$	$\overline{04}$	5	$\overline{01}$	0	$\overline{20}$	$\overline{03}$	
0	$\overline{01}$	.	$\overline{23}$	$\overline{01}$	$\overline{23}$	$\overline{.4}$	$\overline{.5}$	$\overline{01}$	$\overline{02}$	$\overline{.3}$	$\overline{.2}$	$\overline{01}$	$\overline{23}$	$\overline{04}$	$\overline{32}$	$\overline{01}$	0	$\overline{23}$	$\overline{02}$	
0	$\overline{01}$	$\overline{.2}$	$\overline{32}$	$\overline{01}$	2	$\overline{.3}$	$\overline{.2}$	0	$\overline{01}$	$\overline{02}$	$\overline{03}$	$\overline{01}$	$\overline{23}$	0	$\overline{45}$	$\overline{01}$	0	$\overline{23}$	0	
0	$\overline{01}$	$\overline{.2}$	3	$\overline{01}$	2	$\overline{.3}$	.	0	$\overline{01}$	$\overline{02}$	0	$\overline{01}$	$\overline{23}$	0	$\overline{02}$	$\overline{01}$	0	$\overline{23}$	$\overline{20}$	
0	$\overline{01}$	$\overline{.2}$	.	$\overline{01}$	2	$\overline{.3}$	2	0	$\overline{01}$	$\overline{02}$	3	$\overline{01}$	$\overline{23}$	$\overline{40}$	$\overline{05}$	$\overline{01}$	0	$\overline{20}$	$\overline{30}$	
0	$\overline{01}$	$\overline{.2}$	$\overline{.3}$	$\overline{01}$	2	$\overline{.3}$	$\overline{45}$	0	$\overline{01}$	$\overline{02}$	$\overline{32}$	$\overline{01}$	$\overline{23}$	$\overline{43}$	$\overline{02}$	$\overline{01}$	0	$\overline{20}$	$\overline{32}$	
0	$\overline{12}$	$\overline{.3}$	$\overline{.2}$	$\overline{01}$	2	.	$\overline{32}$	0	$\overline{01}$	0	$\overline{23}$	$\overline{01}$	$\overline{23}$	$\overline{45}$	0	$\overline{01}$	$\overline{02}$	$\overline{30}$	$\overline{45}$	
0	$\overline{12}$	$\overline{.3}$	.	$\overline{01}$	2	.	$\overline{.3}$	0	$\overline{01}$	0	$\overline{02}$	$\overline{01}$	$\overline{23}$	$\overline{43}$	$\overline{20}$	$\overline{01}$	$\overline{02}$	$\overline{30}$	$\overline{20}$	
0	$\overline{12}$	$\overline{.3}$	2	$\overline{01}$	2	3	$\overline{.2}$	0	$\overline{01}$	$\overline{20}$	$\overline{03}$	$\overline{01}$	$\overline{23}$	$\overline{40}$	$\overline{50}$	$\overline{01}$	$\overline{02}$	$\overline{34}$	$\overline{50}$	
0	$\overline{12}$	$\overline{.3}$	$\overline{45}$	$\overline{01}$	2	$\overline{34}$	$\overline{.5}$	0	$\overline{01}$	$\overline{23}$	$\overline{02}$	$\overline{01}$	$\overline{23}$	$\overline{40}$	$\overline{32}$	$\overline{01}$	$\overline{02}$	$\overline{32}$	0	
0	$\overline{12}$	.	$\overline{32}$	$\overline{01}$	2	$\overline{32}$	.	0	$\overline{01}$	$\overline{23}$	0	$\overline{01}$	2	$\overline{30}$	$\overline{45}$	$\overline{01}$	$\overline{02}$	$\overline{34}$	$\overline{05}$	
0	$\overline{12}$	.	$\overline{.3}$	$\overline{01}$	2	$\overline{34}$	5	0	$\overline{01}$	$\overline{20}$	$\overline{32}$	$\overline{01}$	2	$\overline{30}$	$\overline{20}$	$\overline{01}$	$\overline{02}$	30	$\overline{02}$	
0	$\overline{12}$	3	$\overline{.2}$	$\overline{01}$	2	$\overline{34}$	$\overline{32}$	0	$\overline{01}$	$\overline{20}$	$\overline{30}$	$\overline{01}$	2	$\overline{34}$	$\overline{50}$	$\overline{01}$	$\overline{02}$	0	$\overline{03}$	
0	$\overline{12}$	$\overline{34}$	$\overline{.5}$	$\overline{01}$	2	3	$\overline{45}$	0	$\overline{01}$	$\overline{20}$	$\overline{32}$	$\overline{01}$	2	$\overline{32}$	0	$\overline{01}$	$\overline{02}$	0	$\overline{32}$	
0	$\overline{12}$	$\overline{32}$	.	$\overline{01}$	0	2	$\overline{32}$	0	$\overline{12}$	$\overline{30}$	$\overline{45}$	$\overline{01}$	2	$\overline{34}$	$\overline{05}$	$\overline{01}$	$\overline{02}$	$\overline{03}$	$\overline{45}$	
0	$\overline{12}$	$\overline{34}$	5	$\overline{01}$	0	$\overline{23}$	$\overline{45}$	0	$\overline{12}$	$\overline{30}$	$\overline{20}$	$\overline{01}$	2	$\overline{30}$	$\overline{02}$	$\overline{01}$	$\overline{02}$	$\overline{03}$	2	
0	$\overline{12}$	$\overline{34}$	$\overline{32}$	$\overline{01}$	0	$\overline{23}$	2	0	$\overline{12}$	$\overline{34}$	$\overline{50}$	$\overline{01}$	2	0	$\overline{03}$	$\overline{01}$	$\overline{02}$	$\overline{03}$	0	
0	$\overline{12}$	3	$\overline{45}$	$\overline{01}$	0	$\overline{23}$	.	0	$\overline{12}$	$\overline{32}$	0	$\overline{01}$	2	0	$\overline{32}$	$\overline{01}$	$\overline{02}$	$\overline{03}$	$\overline{02}$	1

QUATRIÈME GROUPE, A TROIS TEMPS

1	2	$\overline{32}$	$\overline{12}$	.	$\overline{32}$	$\overline{12}$	$\overline{30}$	$\overline{45}$	1	$\overline{02}$	0	$\overline{10}$	2	3	0	0	$\overline{12}$
1	2	3	$\overline{12}$	.	3	$\overline{12}$	$\overline{30}$	2	1	$\overline{02}$	$\overline{30}$	$\overline{10}$	2	$\overline{32}$	0	0	1
1	2	.	$\overline{12}$	.	.	$\overline{12}$	$\overline{30}$	$\overline{20}$	1	$\overline{02}$	$\overline{.3}$	$\overline{10}$	$\overline{23}$	$\overline{45}$	0	0	$\overline{10}$
1	2	$\overline{.3}$	$\overline{12}$	.	$\overline{.3}$	$\overline{12}$	$\overline{30}$	0	1	$\overline{02}$	.	$\overline{10}$	$\overline{23}$	2	0	0	0
1	2	$\overline{30}$	$\overline{12}$	.	$\overline{30}$	$\overline{12}$	$\overline{30}$	$\overline{02}$	1	$\overline{02}$	3	$\overline{10}$	$\overline{23}$	.	0	0	$\overline{01}$
1	2	0	$\overline{12}$	.	0	1	$\overline{20}$	$\overline{03}$	1	$\overline{02}$	$\overline{32}$	$\overline{10}$	$\overline{23}$	$\overline{.2}$	0	$\overline{01}$	$\overline{02}$
1	2	$\overline{03}$	$\overline{12}$	.	$\overline{03}$	1	$\overline{20}$	0	$\overline{10}$	$\overline{02}$	$\overline{32}$	$\overline{10}$	$\overline{23}$	$\overline{20}$	0	$\overline{01}$	0
1	$\overline{23}$	$\overline{02}$	1	.	$\overline{02}$	1	$\overline{20}$	0	$\overline{10}$	$\overline{02}$	3	$\overline{10}$	$\overline{23}$	0	0	$\overline{01}$	$\overline{20}$
1	$\overline{23}$	0	1	.	0	1	$\overline{20}$	$\overline{30}$	$\overline{10}$	$\overline{02}$	.	$\overline{10}$	$\overline{23}$	$\overline{02}$	0	$\overline{01}$	$\overline{.2}$
1	$\overline{23}$	$\overline{20}$	1	.	$\overline{20}$	1	$\overline{20}$	$\overline{32}$	$\overline{10}$	$\overline{02}$	$\overline{.3}$	0	$\overline{12}$	$\overline{03}$	0	$\overline{01}$	.
1	$\overline{23}$	$\overline{.2}$	1	.	$\overline{.2}$	1	0	$\overline{23}$	$\overline{10}$	$\overline{02}$	$\overline{30}$	0	$\overline{12}$	0	0	$\overline{01}$	2
1	$\overline{23}$	.	1	.	.	1	0	2	$\overline{10}$	$\overline{02}$	0	0	$\overline{12}$	$\overline{30}$	0	$\overline{01}$	$\overline{23}$
1	$\overline{23}$	2	1	.	2	1	0	$\overline{20}$	$\overline{10}$	$\overline{02}$	$\overline{03}$	0	$\overline{12}$	$\overline{.3}$	$\overline{01}$	$\overline{23}$	$\overline{45}$
1	$\overline{23}$	$\overline{45}$	1	.	$\overline{23}$	1	0	0	$\overline{10}$	0	$\overline{02}$	0	$\overline{12}$	.	$\overline{01}$	$\overline{23}$	2
$\overline{12}$	$\overline{34}$	$\overline{32}$	1	$\overline{.2}$	$\overline{32}$	1	0	$\overline{02}$	$\overline{10}$	0	0	0	$\overline{12}$	3	$\overline{01}$	$\overline{23}$	.
$\overline{12}$	$\overline{34}$	5	1	$\overline{.2}$	3	$\overline{12}$	0	$\overline{03}$	$\overline{10}$	0	$\overline{20}$	0	$\overline{12}$	$\overline{32}$	$\overline{01}$	$\overline{23}$	$\overline{.2}$
$\overline{12}$	$\overline{32}$	.	1	$\overline{.2}$	.	$\overline{12}$	0	0	$\overline{10}$	0	2	0	1	$\overline{23}$	$\overline{01}$	$\overline{23}$	$\overline{20}$
$\overline{12}$	$\overline{34}$	$\overline{.5}$	1	$\overline{.2}$	$\overline{.3}$	$\overline{12}$	0	$\overline{30}$	$\overline{10}$	0	$\overline{23}$	0	1	2	$\overline{01}$	$\overline{23}$	0
$\overline{12}$	$\overline{34}$	$\overline{50}$	1	$\overline{.2}$	$\overline{30}$	$\overline{12}$	0	3	$\overline{10}$	$\overline{20}$	$\overline{32}$	0	1	.	$\overline{01}$	$\overline{23}$	$\overline{02}$
$\overline{12}$	$\overline{32}$	0	1	$\overline{.2}$	0	$\overline{12}$	0	$\overline{32}$	$\overline{10}$	$\overline{20}$	3	0	1	$\overline{.2}$	$\overline{01}$	2	$\overline{03}$
$\overline{12}$	$\overline{34}$	$\overline{05}$	1	$\overline{.2}$	$\overline{03}$	$\overline{12}$	$\overline{03}$	$\overline{45}$	$\overline{10}$	$\overline{20}$	$\overline{30}$	0	1	$\overline{20}$	$\overline{01}$	2	0
$\overline{12}$	3	$\overline{02}$	$\overline{12}$	$\overline{.3}$	$\overline{02}$	$\overline{12}$	$\overline{03}$	2	$\overline{10}$	$\overline{20}$	0	0	1	0	$\overline{01}$	2	$\overline{30}$
$\overline{12}$	3	0	$\overline{12}$	$\overline{.3}$	0	$\overline{12}$	$\overline{03}$	.	$\overline{10}$	$\overline{20}$	$\overline{03}$	0	1	$\overline{02}$	$\overline{01}$	2	$\overline{.3}$
$\overline{12}$	3	$\overline{20}$	$\overline{12}$	$\overline{.3}$	$\overline{20}$	$\overline{12}$	$\overline{03}$	$\overline{.2}$	$\overline{10}$	2	$\overline{03}$	0	$\overline{10}$	$\overline{02}$	$\overline{01}$	2	.
$\overline{12}$	3	$\overline{.2}$	$\overline{12}$	$\overline{.3}$	$\overline{.2}$	$\overline{12}$	$\overline{03}$	$\overline{20}$	$\overline{10}$	2	0	0	$\overline{10}$	0	$\overline{01}$	2	3
$\overline{12}$	3	.	$\overline{12}$	$\overline{.3}$		$\overline{12}$	$\overline{03}$	0	$\overline{10}$	2	$\overline{30}$	0	$\overline{10}$	$\overline{20}$	$\overline{01}$	2	$\overline{32}$
$\overline{12}$	3	2	$\overline{12}$	$\overline{.3}$	2	$\overline{12}$	$\overline{03}$	$\overline{02}$	$\overline{10}$	2	$\overline{.3}$	0	$\overline{10}$	2	$\overline{01}$	$\overline{20}$	$\overline{32}$
$\overline{12}$	3	$\overline{45}$	$\overline{12}$	$\overline{.3}$	$\overline{45}$	$\overline{12}$	$\overline{03}$	$\overline{02}$	$\overline{10}$	2	.	0	$\overline{10}$	$\overline{23}$	$\overline{01}$	$\overline{20}$	1

Exercices sur les coupes de la deuxième et de la troisième colonne du Tableau général.

PREMIER GROUPE.

Il faut étudier d'abord chaque colonne à quatre temps et ensuite à deux.

12	32	1	2	3	45	1	23	4	32	12	34	54	3	12	.3	.		
12	3	1	2	3	2	1	23	.	45	12	34	54	32	12	.3	4	5	
12	.	1	2	3		1	23	.	2	12	3	45	43	12	.3	.	45	
12	.3	1	2	3	.2	1	23	.		12	3	43	2	12	.3	4	32	
12	30	1	2	.	.3	1	23	.	.2	12	3	45	.	12	.3	4	5	
12	0	1	2	.		1	23	.4	.5	12	3	43	.2	12	.3	2		
12	03	1	2	.	3	1	23	.2	.	12	3	4	.5	12	.3	4	.5	
1	02	1	2	.	32	1	23	.4	5	12	3	2		12	.3	43	.2	
1	0	1	2	.3	45	1	23	.4	32	12	3	4	5	12	.3	45	.	
1	20	1	2	.3	2	12	34	.5	43	12	3	4	32	12	.3	43	2	
1	.2	1	2	.3	.	12	34	.3	2	12	3	.	45	12	.3	45	43	
1	.	1	2	.3	.2	12	34	.5	.	12	3	.	2	1	.2	34	32	
1	2	1	2	34	.5	12	34	.3	.2	12	3	.		1	.2	34	5	
1	23	1	2	32	.	12	34	.	.5	12	3	.	.2	1	.2	32	.	
10	23	1	2	34	5	12	34	.		12	3	.4	.5	1	.2	34	.5	
10	2	1	2	34	32	12	34	.	5	12	3	.2	.	1	.2	3	.2	
10	20	1	23	45	43	12	34	.	32	12	3	.4	5	1	.2	3		
10	0	1	23	43	2	12	34	5	43	12	3	.4	32	1	.2	3	2	
10	02	1	23	45	.	12	34	3	2	12	.3	.4	32	1	.2	3	45	
01	.2	1	23	43	.2	12	34	5		12	.3	.4	5	1	.2	.	32	
01	.	1	23	4	.5	12	34	3	.2	12	.3	.2	.	1	.2	.	3	
01	2	1	23	2		12	34	54	.3	12	.3	.4	.5	1	.2	.		
01	23	1	23	4	5	12	34	12		32	.3	.	.2	1	.2	.	.3	1

DEUXIÈME GROUPE.

Il faut étudier d'abord chaque colonne à quatre temps et ensuite à deux.

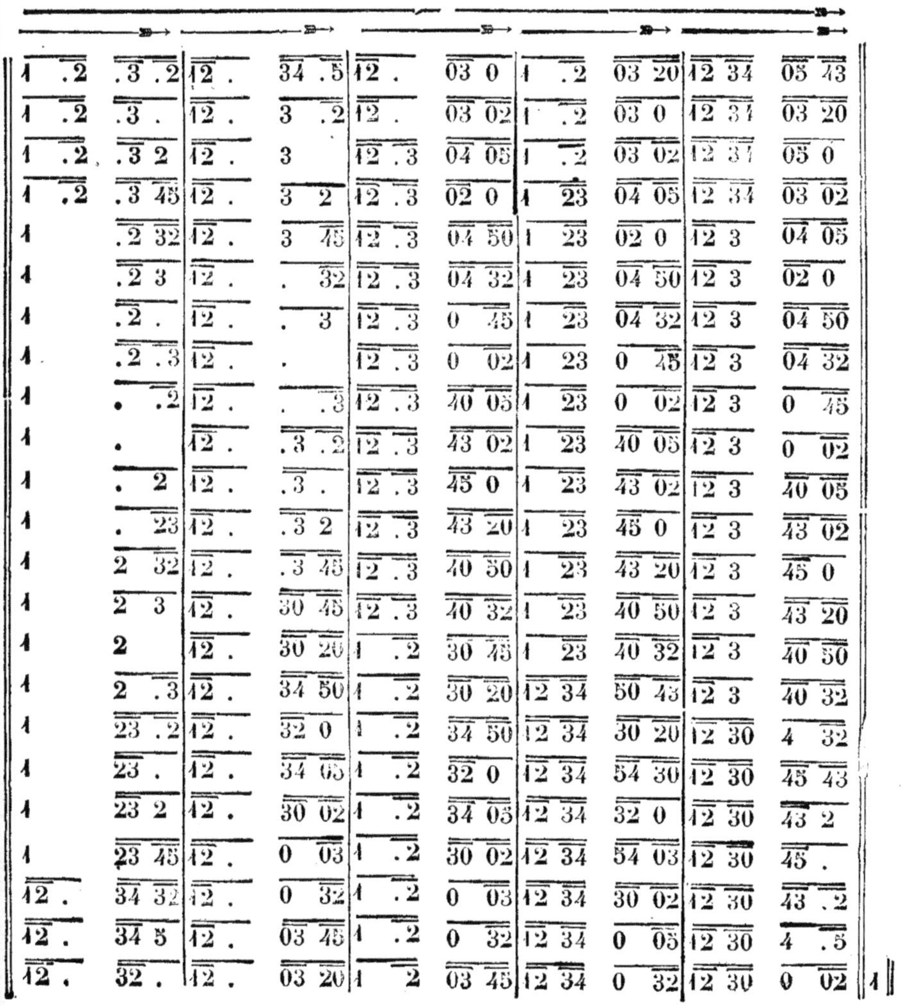

1 .2	.3 .2	12 .	34 .5	12 .	03 0	1 .2	03 20	12 34	05 43
1 .2	.3 .	12 .	3 .2	12 .	03 02	1 .2	03 0	12 34	03 20
1 .2	.3 2	12 .	3	12 .3	04 05	1 .2	03 02	12 34	05 0
1 .2	.3 45	12 .	3 2	12 .3	02 0	1 23	04 05	12 34	03 02
1	.2 32	12 .	3 45	12 .3	04 50	1 23	02 0	12 3	04 05
1	.2 3	12 .	. 32	12 .3	04 32	1 23	04 50	12 3	02 0
1	.2 .	12 .	. 3	12 .3	0 45	1 23	04 32	12 3	04 50
1	.2 .3	12 .	.	12 .3	0 02	1 23	0 45	12 3	04 32
1	. .2	12 .	. .3	12 .3	40 05	1 23	0 02	12 3	0 45
1	.	12 .	.3 .2	12 .3	43 02	1 23	40 05	12 3	0 02
1	. 2	12 .	.3 .	12 .3	45 0	1 23	43 02	12 3	40 05
1	. 23	12 .	.3 2	12 .3	43 20	1 23	45 0	12 3	43 02
1	2 32	12 .	.3 45	12 .3	40 50	1 23	43 20	12 3	45 0
1	2 3	12 .	30 45	12 .3	40 32	1 23	40 50	12 3	43 20
1	2	12 .	30 20	1 .2	30 45	1 23	40 32	12 3	40 50
1	2 .3	12 .	34 50	1 .2	30 20	12 34	50 43	12 3	40 32
1	23 .2	12 .	32 0	1 .2	34 50	12 34	30 20	12 30	4 32
1	23 .	12 .	34 05	1 .2	32 0	12 34	54 30	12 30	45 43
1	23 2	12 .	30 02	1 .2	34 05	12 34	32 0	12 30	43 2
1	23 45	12 .	0 03	1 .2	30 02	12 34	54 03	12 30	45 .
12 .	34 32	12 .	0 32	1 .2	0 03	12 34	30 02	12 30	43 .2
12 .	34 5	12 .	03 45	1 .2	0 32	12 34	0 05	12 30	4 .5
12 .	32 .	12 .	03 20	1 2	03 45	12 34	0 32	12 30	0 02

1

TROISIÈME GROUPE.

Il faut étudier d'abord chaque colonne à quatre temps et ensuite à deux.

12 30 0 45	12 03 . .2	10 23 4 .5	0 01 23 .2	01 23 45 .
12 30 04 32	12 03 . 45	10 23 . .2	0 01 2 .3	01 23 43 .2
12 30 04 5	12 03 .4 32	10 23 . 45	0 01 . .2	01 23 4 .5
12 30 02 .	12 03 .4 5	10 23 .4 32	0 01 . 23	01 23 . .2
12 30 04 .5	12 03 .2 .	10 23 .4 5	0 01 .2 32	01 23 . 45
12 0 03 .2	12 03 .4 .5	10 23 .2 .	0 01 .2 3	01 23 .4 32
12 0 03 .	1 02 .3 .2	10 23 .4 .5	0 01 .2 .	01 23 .4 5
12 0 03 2	1 02 .3 .	10 20 03 .2	0 01 .2 .3	01 23 .2 .
12 0 03 45	1 02 .3 2	10 20 03 .	0 12 .3 .2	01 23 .4 .5
12 0 0 32	1 02 .3 45	10 20 03 2	0 12 .3 .	01 2 .3 .2
12 0 0 03	1 02 32	10 20 03 45	0 12 .3 2	01 2 .3 .
12 0 3 .2	1 02 .3	10 20 0 32	0 12 .3 45	01 2 .3 2
12 0 34 .5	1 02 3 .2	10 20 0 03	0 12 . 32	01 2 .3 45
12 0 32 .	1 02 34 .5	10 20 3 .2	0 12 . .3	01 2 . 32
12 0 34 5	1 02 32 .	10 20 34 .5	0 12 3 .2	01 2 . .3
12 0 34 32	1 02 34 5	10 20 32 .	0 12 34 .5	01 2 3 .2
12 0 3 45	1 02 34 32	10 20 34 5	0 12 32 .	01 2 34 .5
12 03 4 32	1 02 3 45	10 20 34 32	0 12 34 5	01 2 32 .
12 03 45 43	10 23 4 32	10 20 3 45	0 12 34 32	01 2 34 5
12 03 43 2	10 23 45 43	0 01 2 32	0 12 3 45	01 2 34 32
12 03 45 .	10 23 43 2	0 01 23 45	01 23 4 32	01 2 3 45
12 03 43 .2	10 23 45 .	0 01 23 2	01 23 45 43	01 0 2 32
12 03 4 .5	10 23 43 .2	0 01 23 .	01 23 43 2	01 0 23 45

SUITE DU TROISIÈME GROUPE.

Il faut étudier d'abord chaque colonne à quatre temps et ensuite à deux.

01 0 23 2	01 02 32 0	01 0 23 0	01 23 02 0	0 12 0 03
01 0 23 .	01 02 34 05	01 0 23 20	01 23 04 5	0 12 0 32
01 02 3 45	01 02 30 02	01 0 20 30	01 23 04 32	0 12 03 45
01 02 34 32	01 02 0 03	01 0 20 32	01 23 0 45	0 12 03 2
01 02 34 5	01 02 0 32	01 2 30 45	01 23 0 02	0 12 03 0
01 02 32 .	01 02 03 45	01 2 30 20	01 23 40 05	0 12 03 02
01 02 34 .5	01 02 03 2	01 2 34 50	01 23 43 02	0 01 02 03
01 02 3 .2	01 02 03 0	01 2 32 0	01 23 45 0	0 01 02 0
01 02 . .3	01 02 03 02	01 2 34 05	01 23 43 20	0 01 02 3
01 02 . 32	01 0 02 03	01 2 30 02	01 23 40 50	0 01 02 32
01 02 .3 45	01 0 02 0	01 2 0 03	01 23 40 32	0 01 0 23
01 02 .3 2	01 0 02 3	01 2 0 32	0 12 30 45	0 01 0 02
01 02 .3 .	01 0 02 32	01 2 03 45	0 12 30 20	0 01 20 03
01 02 .3 .2	01 0 0 23	01 2 03 2	0 12 34 50	0 01 23 02
01 02 30 45	01 0 0 02	01 2 03 0	0 12 32 0	0 01 23 0
01 02 30 20	01 0 20 03	01 2 03 02	0 12 34 05	0 01 23 20
01 02 34 50	01 0 23 02	01 23 01 05	0 12 30 02	0 01 20 30

Exercices sur les coupes de la troisième et de la quatrième colonne du Tableau général.

UN GROUPE.

Il faut étudier d'abord chaque colonne à quatre temps et ensuite à deux.

12 34 54 32	12 34 54 32	12 34 3 .2	1 .2 3 .2	12 34 5 43	1 2 3 45
12 34 5 43	1 23 4 32	12 34 3 .2	1 2 3 .2	12 34 .5 43	1 2 .3 45
12 34 54 32	12 34 54 32	12 34 54 .3	1 2 34 .5	12 34 5 43	1 2 32
12 34 54 3	12 3 43 2	12 34 32 .	1 2 32 .	12 34 54 32	1 23 45
12 34 32 .	2 . 32 .	12 34 54 3	1 2 34 5	12 34 54 3	1 23 2
12 34 54 .3	12 .3 43 .2	12 34 54 32	1 2 34 32	12 34 32 .	1 23 .

SUITE DU GROUPE PRÉCÉDENT.

Il faut étudier d'abord chaque colonne à quatre temps, et ensuite à **deux**.

12 34 54 .3	1 23 .2	1 2 32	1 2 3 45	1 2 30 20	1 20 30
12 34 3 .2	1 2 .3	1 23 45	1 2 34 32	1 2 34 50	1 23 20
1 2 3 .2	1 2 .3	1 23 2	1 2 34 5	1 2 32 0	1 23 0
1 2 34 .5	1 23 .2	1 23 .	1 2 32 .	1 2 0 .03	1 0 02
1 2 32 .	1 23 .	1 23 .2	1 2 34 .5	1 2 0 32	1 0 23
1 2 34 5	1 23 2	1 2 .3	1 2 3 .2	1 2 03 45	1 02 32
1 2 34 32	1 23 45	1 .2 3 .2	1 .2 3 .2	1 2 3 02	1 2 03
1 2 3 45	1 2 32	1 2 30 45	1 20 32	1 02 3 02	1 02 3 02 10

DEUXIÈME SÉRIE.

DIVISION TERNAIRE.

TABLEAU GÉNÉRAL DES PRINCIPALES COUPES.

Il faut **étudier d'**abord chaque colonne en deux fois trois temps, ensuite à **deux temps**.

123 432	12 34 32	12 34 .5	123 454 345	123 454 .32
123 45.	12 34 5	12 3 .2	123 454 3	123 4 .32
123 2	12 3 2	12 . .3	123 4 5	123 . .45
123 4.5	12 3 45	12 . 32	123 4 543	123 . 432
123 ..2	1 2 32	12 .3 45	1 2 345	123 .45 432
123 .45	1 23 45	12 .3 2	1 234 543	123 .43 2
123 .2.	1 23 2	12 .3 .2	1 234 5	123 .45 .43
123 .	10 20 30	1 .2 .3	1 023 432	1 .23 .45
123 450	1 02 32	1 .2 3	1 0 232	1 .23 2
123 200	1 0 23	1 .2 32	1 0 023	1 .23 432
123 405	1 0 02	1 . 23	0 0 012	1 . 232
123 002	0 0 01	1 . .2	0 0 123	1 . .23
123 045	0 0 12	1 2 .3	0 012 345	1 2 .32
123 020	0 01 23	1 23 .2	0 123 432	1 234 .32 10

Exercices sur les coupes de la première colonne du Tableau général.

(Division ternaire).

EN GROUPE.

Il faut étudier d'abord chaque colonne en deux fois trois temps, et ensuite à deux temps.

123	432	1.2	.32	1	002	1.0	23.	1.0	203	012	.32
123	45.	1.2	..3	1	003	1.0	232	1.0	200	012	..3
123	2	1.2	3.2	1	030	100	232	1.0	2.0	012	3.2
123	4.5	1.2	3	1	0	100	23.	1.0	[illegible]	012	3
123	..2	1.2	32.	1.2	0	100	2	100	230	012	32.
123	.45	1.2	345	1.2	030	100	2.3	100	2.0	012	345
123	.2.	123	450	1.2	032	100	002	100	200	010	232
123	.	123	2.0	1.2	003	100	023	100	203	010	23.
12.	.	123	200	1.2	302	100	02.	100	020	010	2
12.	.3.	123	405	1.2	300	100	0	102	030	010	2.3
12.	.32	123	002	1.2	3.0	102	.	102	032	010	002
12.	..3	123	045	1.2	320	102	.3.	102	003	010	023
12.	3.2	123	020	120	345	102	.32	102	302	010	02.
12.	3	123	0	120	32.	102	..3	102	300	010	0
12.	32.	12.	0	120	3	102	3.2	102	3.0	0	0
12.	345	12.	030	120	3.2	102	3	102	320	0	01.
1	232	12.	032	120	003	102	32.	001	232	0	012
1	23.	12.	003	120	032	102	345	001	23.	0	001
1	2	12.	302	120	03.	120	320	001	2	0	1.2
1	2.3	12.	300	120	0	120	3.0	001	2.3	0	1
1	..2	12.	3.0	1.0	0	120	300	001	..2	0	12.
1	.23	12.	320	1.0	02.	120	302	001	.23	0	123
1	.2.	1	230	1.0	023	120	003	001	.2.	001	230
1	.	1	2.0	1.0	002	120	032	001	.	001	2.0
1.2	.	1	200	1.0	2.3	120	030	012	.	001	200
1.2	.3.	1	203	1.0	2	1.0	020	012	.3.	001	203

1

Exercices sur les coupes de la seconde colonne du Tableau général.

UN GROUPE.

Il faut étudier d'abord chaque colonne en deux fois trois temps et ensuite à deux temps.

12 34 32	12 34 .5	1 2 32	1 .2 .3	12 34 32	12 30 20	
12 34 32	12 3 .2	1 2 32	1 .2 3	12 34 32	12 30 0	
12 34 32	12 . .3	1 2 32	1 .2 32	12 34 32	12 0 0	
12 34 32	12 . 32	1 2 32	1 . 23	12 34 32	12 0 03	
12 34 32	12 .3 45	1 2 32	1 . .2	12 34 32	12 0 32	
12 34 32	12 .3 2	1 2 32	1 2 .3	12 34 32	12 03 45	
12 34 32	12 .3 .2	1 2 32	1 23 .2	12 34 32	1 02 32	
12 3 45	1 .2 .3	12 34 5	12 34 .5	12 3 45	1 0 23	
12 3 45	1 .2 3	12 34 5	12 3 .2	12 3 45	1 0 02	
12 3 45	1 .2 32	12 34 5	12 . .3	12 3 45	0 0 01	
12 3 45	1 . 23	12 34 5	12 . 32	12 3 45	0 0 12	
12 3 45	1 . .2	12 34 5	12 .3 45	12 3 45	0 01 23	
12 3 45	1 2 .3	12 34 5	12 .3 2	12 3 45	0 12 32	
12 3 45	1 23 .2	12 34 5	12 .3 .2	12 3 45	01 23 45	
1 23 45	12 34 .5	12 3 2	1 .2 .3	1 23 45	12 30 20	
1 23 45	12 3 .2	12 3 2	1 .2 3	1 23 45	12 30 0	
1 23 45	12 . .3	12 3 2	1 .2 32	1 23 45	12 0 0	
1 23 45	12 . 32	12 3 2	1 . 23	1 23 45	12 0 03	
1 23 45	12 .3 45	12 3 2	1 . .2	1 23 45	12 0 32	
1 23 45	12 .3 2	12 3 2	1 2 .3	1 23 45	12 03 45	
1 23 45	12 .3 .2	12 3 2	1 23 .2	1 23 45	1 02 32	1

SUITE DU GROUPE PRÉCÉDENT.

1	2	32	1	0	23	12	34	5	12	30	20	
1	2	32	1	0	02	12	34	5	12	30	0	
1	2	32	0	0	01	12	34	5	12	0	0	
1	2	32	0	0	12	12	34	5	12	0	03	
1	2	32	0	01	23	12	34	5	12	0	32	
1	2	32	0	12	32	12	34	5	12	03	45	
1	2	32	01	23	45	12	34	5	1	02	32	

1	23	2	1	0	23	
1	23	2	1	0	02	
1	23	2	1	0	01	
1	23	2	0	0	12	
1	23	2	1	02	32	
1	23	2	0	12	32	
1	23	2	01	23	45	10

Exercices sur les coupes de la troisième colonne du Tableau général.
(Division ternaire.)

Il faut étudier d'abord chaque colonne en deux fois trois temps, et ensuite à deux temps.

123	454	345	123	454	.32	
123	454	3	123	4	.32	
123	4	5	123	.	.45	
123	4	543	123	.	432	
1	2	345	123	.45	432	
1	234	543	123	.43	2	
1	234	5	123	.45	.43	
1	234	5	1	.23	.45	
1	234	543	1	.23	2	
1	2	345	1	.23	432	
123	4	543	1	.	232	
123	4	5	1	.	.23	
123	454	3	1	2	.32	
123	454	345	1	234	.32	

123	454	345	123	432	0	
123	454	3	123	0	0	
123	4	5	123	0	045	
123	4	543	123	0	432	
1	2	345	123	045	432	
1	234	543	1	023	432	
1	234	5	1	023	2	
1	234	5	1	0	232	
1	234	543	1	0	023	
1	2	345	1	234	032	
123	4	543	0	0	012	
123	4	5	0	0	123	
123	454	3	0	012	345	
123	454	345	012	345	432	10

TROISIÈME SÉRIE.

COUPES MIXTES

CONTENANT DES UNITÉS DIVISÉES PAR DEUX ET DES UNITÉS DIVISÉES PAR TROIS.

1	.	$\overline{23}$	1	$\overline{234}$	$\overline{543}$	$\overline{12}$	$\overline{34}$	5	$\overline{123}$	$\overline{.2}$	.	0	$\overline{123}$	$\overline{432}$	
1	.	$\overline{.2}$	1	$\overline{234}$	$\overline{.32}$	$\overline{12}$	$\overline{34}$	$\overline{32}$	$\overline{123}$	$\overline{.4}$	$\overline{.5}$	0	$\overline{123}$	$\overline{.45}$	
1	.	.	1	$\overline{.23}$	$\overline{.45}$	$\overline{12}$	$\overline{34}$	$\overline{.5}$	$\overline{123}$	$\overline{.4}$	$\overline{32}$	0	$\overline{012}$	$\overline{.32}$	
1	.	2	1	$\overline{.23}$	$\overline{432}$	$\overline{12}$	$\overline{32}$	.	$\overline{123}$	$\overline{.4}$	5	0	$\overline{012}$	$\overline{345}$	
1	.	$\overline{232}$	1	$\overline{.23}$	2	$\overline{12}$	$\overline{.3}$	.	$\overline{123}$	$\overline{.4}$	$\overline{543}$	0	$\overline{012}$	3	
1	.	$\overline{.23}$	1	$\overline{.23}$	$\overline{45}$	$\overline{12}$	$\overline{.3}$	$\overline{.2}$	$\overline{123}$	$\overline{.4}$	$\overline{.32}$	0	$\overline{012}$	$\overline{32}$	
1	$\overline{23}$	$\overline{.45}$	1	$\overline{.23}$	$\overline{.2}$	$\overline{12}$	$\overline{.3}$	$\overline{45}$	$\overline{123}$	4	$\overline{.32}$	0	$\overline{012}$	$\overline{.3}$	
1	$\overline{23}$	$\overline{432}$	1	$\overline{.23}$	.	$\overline{12}$	$\overline{.3}$	2	$\overline{123}$	4	$\overline{543}$	0	$\overline{012}$	.	
1	$\overline{23}$	2	$\overline{12}$	$\overline{.32}$	.	$\overline{12}$	$\overline{.3}$	$\overline{432}$	$\overline{123}$	4	5	0	1	.	
1	$\overline{23}$	$\overline{45}$	$\overline{12}$	$\overline{.34}$	$\overline{.5}$	$\overline{12}$	$\overline{.3}$	$\overline{.45}$	$\overline{123}$	4	$\overline{32}$	0	1	$\overline{.2}$	
1	$\overline{23}$	$\overline{.2}$	$\overline{12}$	$\overline{.34}$	$\overline{32}$	$\overline{12}$	.	$\overline{.32}$	$\overline{123}$	4	$\overline{.5}$	0	1	$\overline{23}$	
1	$\overline{23}$	.	$\overline{12}$	$\overline{.34}$	5	$\overline{12}$	.	$\overline{345}$	$\overline{123}$	2	.	0	1	2	
1	$\overline{.2}$	.	$\overline{12}$	$\overline{.34}$	$\overline{543}$	$\overline{12}$	.	3	$\overline{123}$	$\overline{432}$	.	0	1	$\overline{232}$	
1	$\overline{.2}$	$\overline{.3}$	$\overline{12}$	$\overline{.34}$	$\overline{.32}$	$\overline{12}$	.	$\overline{32}$	$\overline{123}$	$\overline{454}$	$\overline{.3}$	0	1	$\overline{.23}$	
1	$\overline{.2}$	$\overline{32}$	$\overline{12}$	$\overline{345}$	$\overline{.43}$	$\overline{12}$	.	$\overline{.3}$	$\overline{123}$	$\overline{454}$	$\overline{32}$	0	$\overline{12}$	$\overline{.32}$	
1	$\overline{.2}$	3	$\overline{12}$	$\overline{345}$	$\overline{432}$	$\overline{12}$	.	.	$\overline{123}$	$\overline{454}$	3	0	$\overline{12}$	$\overline{345}$	
1	$\overline{.2}$	$\overline{345}$	$\overline{12}$	$\overline{345}$	2	$\overline{123}$	.	.	$\overline{123}$	$\overline{454}$	$\overline{345}$	0	$\overline{12}$	3	
1	$\overline{.2}$	$\overline{.32}$	$\overline{12}$	$\overline{345}$	$\overline{43}$	$\overline{123}$	.	$\overline{.2}$	$\overline{123}$	$\overline{454}$	$\overline{.32}$	0	$\overline{12}$	$\overline{32}$	
1	2	$\overline{.32}$	$\overline{12}$	$\overline{345}$	$\overline{.2}$	$\overline{123}$	.	$\overline{45}$	$\overline{123}$	$\overline{.45}$	$\overline{.43}$	0	$\overline{12}$	$\overline{.3}$	
1	2	$\overline{345}$	$\overline{12}$	$\overline{345}$	.	$\overline{123}$	.	2	$\overline{123}$	$\overline{.45}$	$\overline{432}$	0	$\overline{12}$	.	
1	2	3	$\overline{12}$	3	.	$\overline{123}$	.	$\overline{432}$	$\overline{123}$	$\overline{.43}$	2	0	$\overline{01}$	.	
1	2	$\overline{32}$	$\overline{12}$	3	$\overline{.2}$	$\overline{123}$	.	$\overline{.45}$	$\overline{123}$	$\overline{.45}$	$\overline{43}$	0	$\overline{01}$	$\overline{.2}$	
1	2	$\overline{.3}$	$\overline{12}$	3	$\overline{45}$	$\overline{123}$	$\overline{45}$	$\overline{.43}$	$\overline{123}$	$\overline{.43}$	$\overline{.2}$	0	$\overline{01}$	$\overline{23}$	
1	2	.	$\overline{12}$	3	2	$\overline{123}$	$\overline{45}$	$\overline{432}$	$\overline{123}$	$\overline{.45}$	.	0	$\overline{01}$	2	
1	$\overline{232}$	.	$\overline{12}$	3	$\overline{432}$	$\overline{123}$	$\overline{43}$	2	0	$\overline{123}$	.	0	$\overline{01}$	$\overline{232}$	
1	$\overline{234}$	$\overline{.5}$	$\overline{12}$	3	$\overline{.45}$	$\overline{123}$	$\overline{45}$	$\overline{43}$	0	$\overline{123}$	$\overline{.2}$	0	$\overline{01}$	$\overline{.23}$	
1	$\overline{234}$	$\overline{32}$	$\overline{12}$	$\overline{34}$	$\overline{.32}$	$\overline{123}$	$\overline{43}$	$\overline{.2}$	0	$\overline{123}$	$\overline{45}$	0	0	$\overline{012}$	
1	$\overline{234}$	5	$\overline{12}$	$\overline{34}$	$\overline{543}$	$\overline{123}$	$\overline{45}$		0	$\overline{123}$	2	0	0	$\overline{123}$	1

SUITE DU GROUPE PRÉCÉDENT.

0	0	1	01	23	.2	01	234	.32	012	345	432	012	.3	.2
0	0	12	01	23	45	01	232	.	012	343	2	012	.3	45
0	0	0	01	23	2	01	.23	.	012	345	43	012	.3	2
0	0	01	01	23	432	01	.23	.45	012	345	.2	012	.3	432
01	.	23	01	23	.45	01	.23	432	012	3	.2	012	.3	.45
01	.	.2	01	23	.	01	.23	2	012	3	45	012	.3	.
01	.	2	01	2	.	01	.23	45	012	3	2	012	.	.
01	.	232	01	2	.32	01	.23	.2	012	3	432	012	.	.32
01	.	.23	01	2	345	012	.34	.5	012	3	.45	012	.	3
01	.	.	01	2	3	012	.34	32	012	3	.	012	.	30
01	.2	.	01	2	32	012	.34	5	012	32	.	012	.	.3
01	.2	.32	01	2	.3	012	.34	543	012	34	.32	012	34	.5
01	.2	345	01	234	.5	012	.34	.32	012	34	543	012	.	345
01	.2	3	01	234	32	012	.32	.	012	34	5	012	34	32
01	.2	32	01	234	5	012	345	.	012	34	32	012	34	5
01	.2	.3	01	234	543	012	345	.43	012	34	.5	012	32	1

DEUXIÈME GROUPE.

Contenant des unités dont l'une des moitiés est divisée par deux et l'autre par trois.

Il faut étudier d'abord chaque colonne en trois fois deux temps, ensuite à deux temps.

123	432	123	432	12	32	12	32	12	32	123	432
123	432	12	32	12	32	12	32	123	432	123	432
123	432	12	32	123	432	12	32	123	432	12	32
123	432	12	32	123	45	12	32	123	432	12	345
123	432	12	32	12	345	12	32	123	432	123	45
123	432	12	345	12	32	12	32	123	45	123	432
123	432	123	45	12	32	12	32	12	345	123	432
123	45	123	432	12	32	12	345	12	32	123	432
123	45	12	32	123	432	12	345	123	432	12	32

APPLICATION DES CONNAISSANCES ACQUISES.

Conseils aux commençants pour étudier seuls un air.

Ici, comme nous l'avons toujours fait, il faut séparer l'étude de l'intonation de celle de la mesure, pour réunir ensuite ces deux choses.

Intonation. Prenez, au diapason, la tonique indiquée en tête du morceau, et appelez UT cette tonique. Toutefois, si vous chantez sans accompagnement, prenez pour tonique le son le plus convenable pour que votre voix ne sorte pas de ses limites naturelles; c'est-à-dire que, si l'air monte trop pour votre voix, il faut prendre pour UT un son plus grave que la tonique indiquée; et que si, au contraire, l'air descend trop bas, il faut prendre un UT plus aigu.

Quand l'UT est fixé, on chante l'*intonation seule*, sans s'occuper de mesure, et en donnant aux sons des durées égales.

Mesure. Quand on a lu l'intonation seule, on lit l'air en mesure tel qu'il est écrit, c'est à-dire en exécutant simultanément l'intonation et la mesure.

S'il se rencontre des mesures compliquées, dont l'effet ne soit pas immédiatement senti, on lit ces mesures *sans intonation*, en leur appliquant la *langue des durées*, une ou plusieurs fois, selon la difficulté. Puis on lit ensemble intonation et mesure. Ce moyen, appliqué convenablement, est infaillible.

Quand une mesure contient des temps divisés par 6, 8, 12, 18 ou 27, il est bon d'avoir recours au moyen suivant : Si l'on a affaire à une mesure employant la *souche binaire*, on fait *deux temps pour un;* si au contraire, on a affaire à la *souche ternaire*, on fait *trois temps pour un.* Dans le premier cas les moitiés deviennent des entiers; dans le second ce sont les tiers. A la seconde lecture on lit l'air tel qu'il est écrit.

Si le mouvement du morceau n'est pas indiqué, on prend l'unité de durée comme on l'entend; mais si le morceau porte en tête une indication du métronome, on met l'indicateur de cet instrument devant le chiffre correspondant sur l'échelle graduée, et l'oscillation du pendule donne l'unité de durée, et marque le mouvement à prendre.

Manière de lire les canons quand on veut les chanter en parties.

Quand un canon est à deux parties, il est surmonté des deux lettres A, B; quand il est à trois parties, il a les trois lettres A, B, C; s'il est à quatre parties, il a les quatre lettres A, B, C, D, et ainsi de suite.

Cela veut dire : 1° pour les duos, la première partie *lit seule*, depuis la lettre A jusqu'à la lettre B; mais au moment où elle attaque la note placée sous la lettre B, la seconde partie commence à la lettre A. Les deux parties chantent alors simultanément, recommençant l'air quand il est fini, et continuant ainsi jusqu'à ce qu'il leur plaise de s'arrêter sur une cadence.

2° Pour les trios, la première partie lit de l'A au B; au moment où elle attaque le B, la deuxième partie commence à l'A; enfin, quand la première partie arrive au C, et la deuxième au B, la troisième commence à l'A. On continue alors comme pour le duo.

3° Si c'est un quatuor, la quatrième partie commence en A, quand la troisième est en B, la deuxième en C, et la première en D, etc.

SOIXANTE-QUATORZE DUOS, TRIOS ET QUATORS EN CANONS, PAR HAPPICH, MOZART, HÉRING, GLASER, HAYDN, SCHULTZ, SILCHER, ETC.

N° 1. TON DE REU.

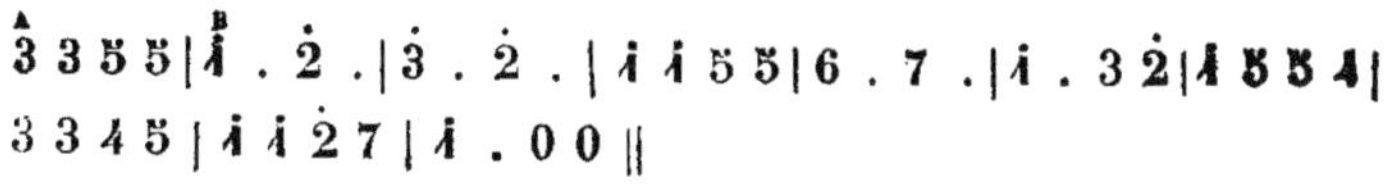

A 3 3 5 5 | B 1 . 2 . | 3 . 2 . | 1 1 5 5 | 6 . 7 . | 1 . 3 2 | 1 5 5 1 |
3 3 4 5 | 1 1 2 7 | 1 . 0 0 ||

N° 2. TON DE RÉ.

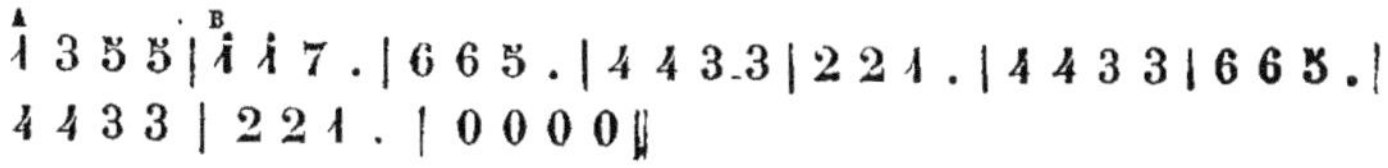

A 1 3 5 5 | B 1 1 7 . | 6 6 5 . | 4 4 3.3 | 2 2 1 . | 4 4 3 3 | 6 6 5 . |
4 4 3 3 | 2 2 1 . | 0 0 0 0 ||

N° 3. TON DE RÉ.

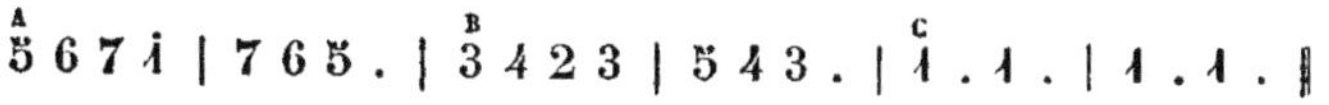

A 5 6 7 1 | 7 6 5 . | B 3 4 2 3 | 5 4 3 . | C 1 . 1 . | 1 . 1 . ||

N° 4. TON DE SEU.

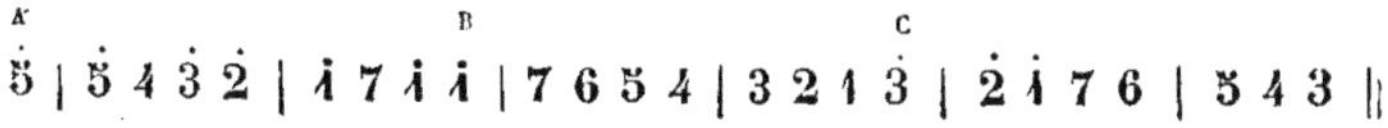

A 5 | 5 4 3 2 | 1 7 1 1 | B 7 6 5 4 | 3 2 1 C 3 | 2 1 7 6 | 5 4 3 ||

N° 5. TON DE SOL.

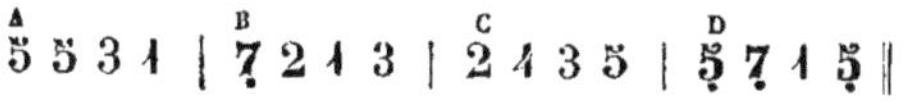

A 5 5 3 1 | B 7 2 1 3 | C 2 1 3 5 | D 5 7 1 5 ||

N° 6. TON DE RÉ.

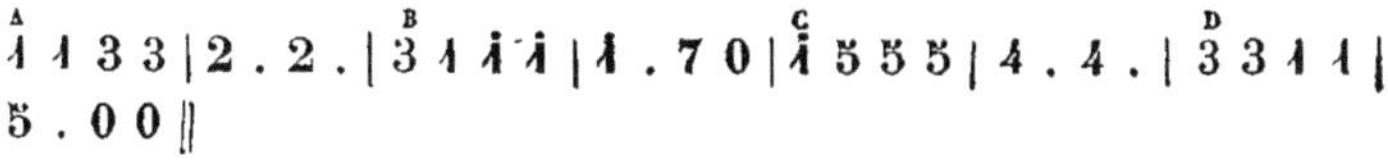

A 1 1 3 3 | 2 . 2 . | B 3 1 1 1 | 1 . 7 0 | C 1 5 5 5 | 4 . 4 . | D 3 3 1 1 |
5 . 0 0 ||

N° 7. TON DE REU.

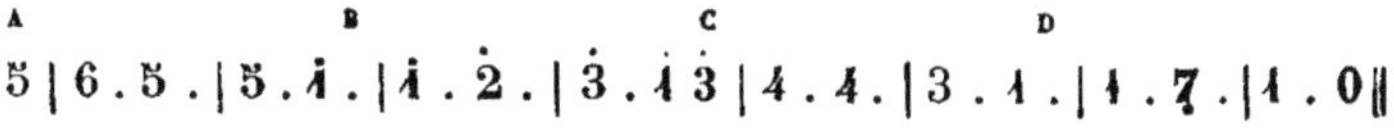

A 5 | 6 . 5 . | 5 . B 1 . | 1 . 2 . | 3 . 1 C 3 | 4 . 4 . | 3 . D 1 . | 1 . 7 . | 1 . 0 ||

N° 8. TON DE MEU.

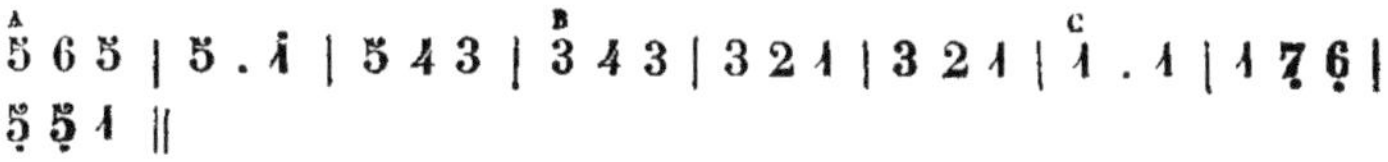

A 5 6 5 | 5 . 1 | 5 4 3 | B 3 4 3 | 3 2 1 | 3 2 1 | C 1 . 1 | 1 7 6 |
5 5 1 ||

N° 9. TON DE SOL.

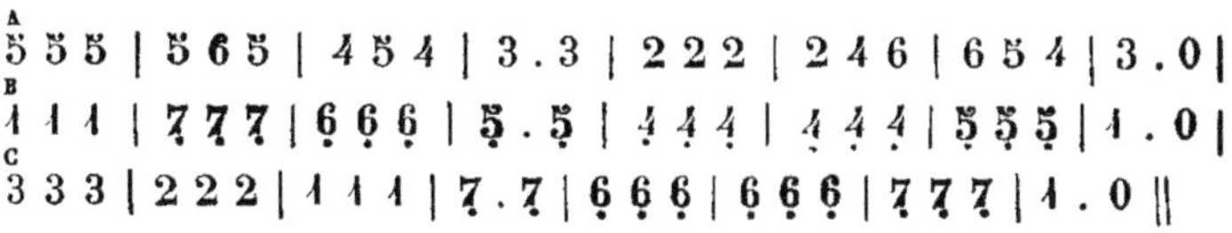

A 5 5 5 | 5 6 5 | 4 5 4 | 3 . 3 | 2 2 2 | 2 4 6 | 6 5 4 | 3 . 0 |
B 1 1 1 | 7 7 7 | 6 6 6 | 5 . 5 | 4 4 4 | 4 4 4 | 5 5 5 | 1 . 0 |
C 3 3 3 | 2 2 2 | 1 1 1 | 7 . 7 | 6 6 6 | 6 6 6 | 7 7 7 | 1 . 0 ||

N° 10 TON D'UT.

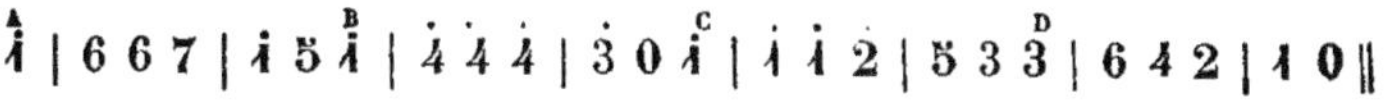

A 1 | 6 6 7 | 1 5 B 1 | 4 4 4 | 3 0 C 1 | 1 1 2 | 5 3 D 3 | 6 4 2 | 1 0 ||

N° 11. TON DE LA.

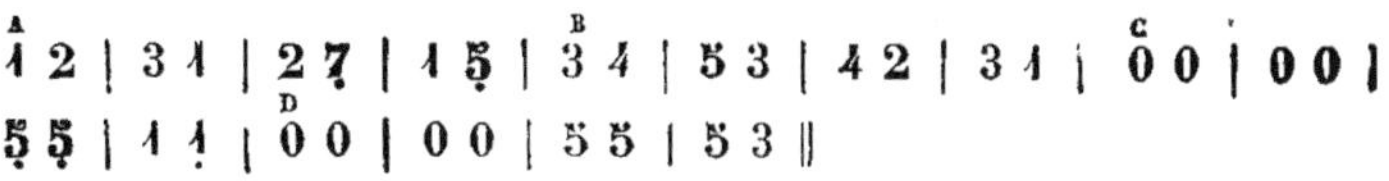

A 1 2 | 3 1 | 2 7 | 1 5 | B 3 4 | 5 3 | 4 2 | 3 1 | C 0 0 | 0 0 |
5 5 | 1 1 | D 0 0 | 0 0 | 5 5 | 5 3 ||

N° 12. TON DE SEU.

A 5 | 1 3 1 3 | 1 . 1 1 | 2 2 2 3 | 1 . 0 5 | 1 3 1 3 | 1 . 1 1
2 2 2 3 | 1 . 0 B 0 | 0 0 0 5 | 3 . 5 . | 0 7 7 7 | 1 1 0 0 | 0 0 0 5 |
3 . 5 . | 0 7 7 7 | 1 1 0 C 0 | 0 5 3 0 | 0 5 3 0 | 0 0 0 5 | 3 . 0 0 |
0 5 3 0 | 0 5 3 0 | 0 0 0 5 | 3 . 0 ||

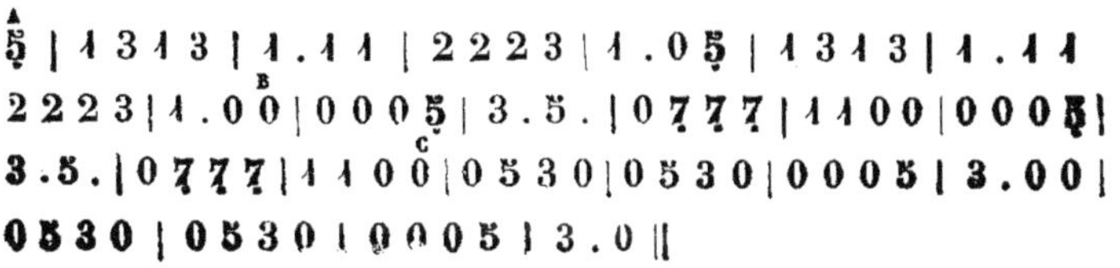

N° 13. TON DE LA.

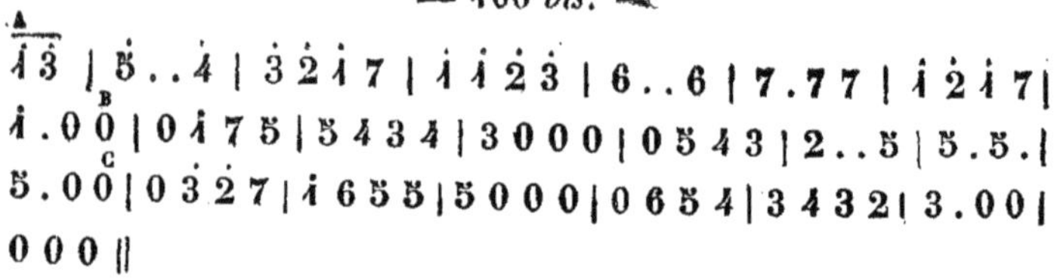

A 1 3 | 5 . . 4 | 3 2 1 7 | 1 1 2 3 | 6 . . 6 | 7 . 7 7 | 1 2 1 7 |
1 . 0 0 B | 0 1 7 5 | 5 4 3 4 | 3 0 0 0 | 0 5 4 3 | 2 . . 5 | 5 . 5 . |
5 . 0 0 C | 0 3 2 7 | 1 6 5 5 | 5 0 0 0 | 0 6 5 4 | 3 4 3 2 | 3 . 0 0 |
0 0 0 ||

N° 14. TON DE MI.

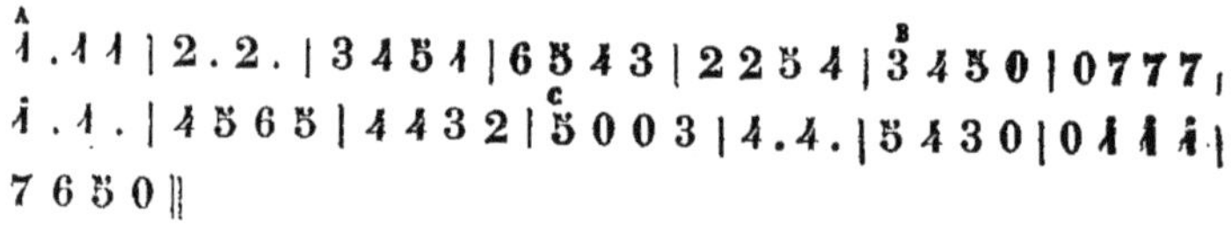

A 1 . 1 1 | 2 . 2 . | 3 4 5 1 | 6 5 4 3 | 2 2 5 4 | B 3 4 5 0 | 0 7 7 7 |
1 . 1 . | 4 5 6 5 | 4 4 3 2 | C 5 0 0 3 | 4 . 4 . | 5 4 3 0 | 0 1 1 1 |
7 6 5 0 ||

N° 15. TON DE SI.

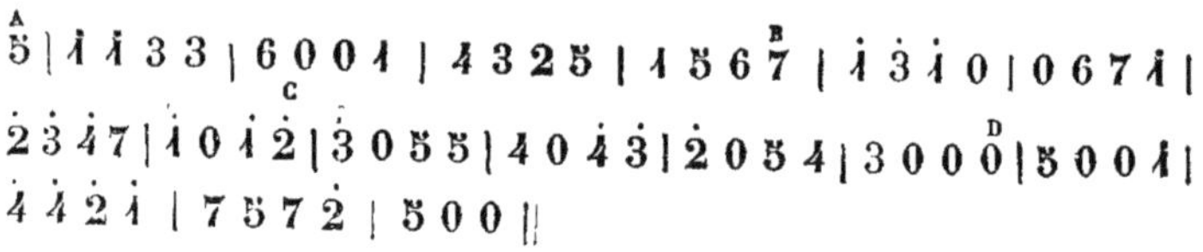

A 5 | 1 1 3 3 | 6 0 0 1 | 4 3 2 5 | 1 5 6 7 B | 1 3 1 0 | 0 6 7 1 |
2 3 4 7 | 1 0 1 2 C | 3 0 5 5 | 4 0 4 3 | 2 0 5 4 | 3 0 0 0 D | 5 0 0 1 |
4 4 2 1 | 7 5 7 2 | 5 0 0 ||

N° 16. TON D'UT.

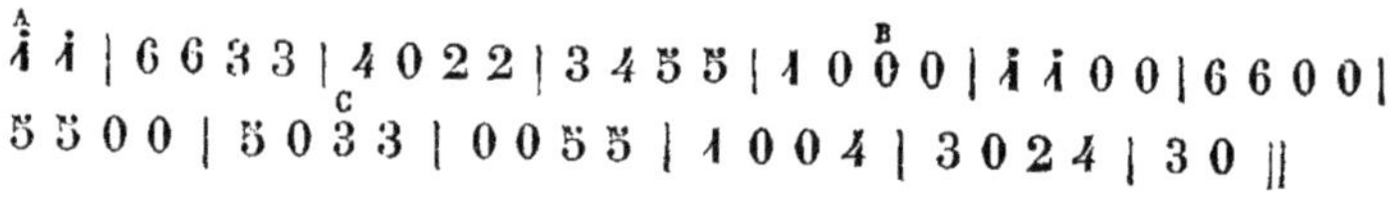

A 1 1 | 6 6 3 3 | 4 0 2 2 | 3 4 5 5 | 1 0 0 0 B | 1 1 0 0 | 6 6 0 0 |
5 5 0 0 | 5 0 3 3 C | 0 0 5 5 | 1 0 0 4 | 3 0 2 4 | 3 0 ||

N° 17. TON DE SEC.

A 1 . 1 | 2 7 5 | 4 3 2 | 3 . 1 | B 3 . 3 | 4 . 2 | 7 1 2 | 1 . 0 | C 5 3 1 |
7 2 7 | 5 . 5 | 5 1 3 | D 0 5 5 | 5 . 7 | 2 1 7 | 1 . 0 ||

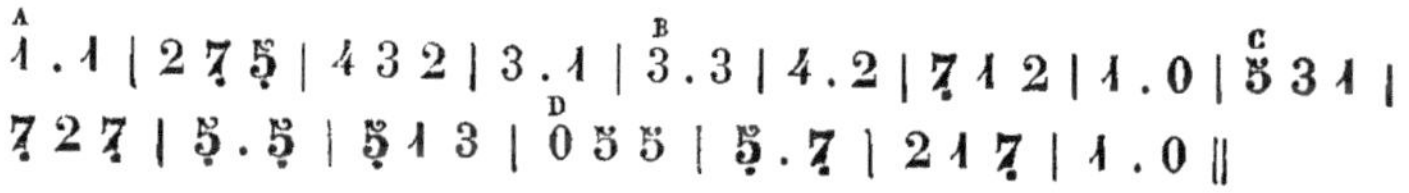

N° 18. TON D'UT.

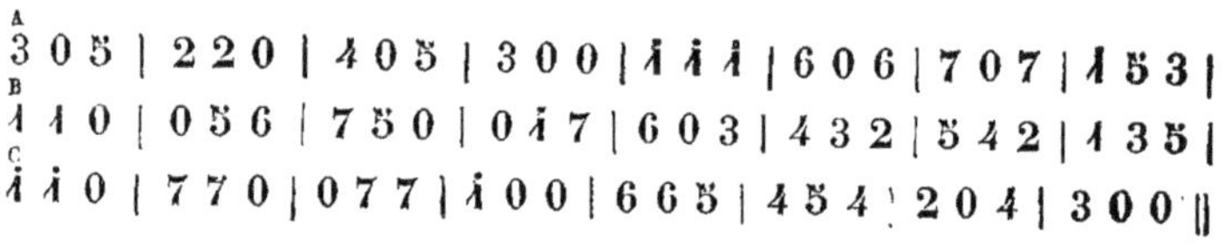

A 3 0 5 | 2 2 0 | 4 0 5 | 3 0 0 | 1 1 1 | 6 0 6 | 7 0 7 | 1 5 3 |
B 1 1 0 | 0 5 6 | 7 5 0 | 0 1 7 | 6 0 3 | 4 3 2 | 5 4 2 | 1 3 5 |
C 1 1 0 | 7 7 0 | 0 7 7 | 1 0 0 | 6 6 5 | 4 5 4 | 2 0 4 | 3 0 0 ||

N° 19. TON DE SOL.

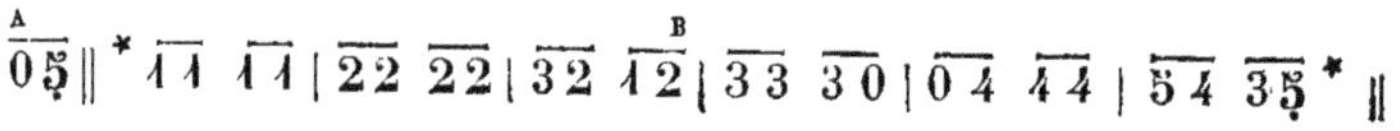

A 0 5 || * 1 1 1 1 | 2 2 2 2 | 3 2 B 1 2 | 3 3 3 0 | 0 4 4 4 | 5 4 3 5 * ||

N° 20. TON DE SOL.

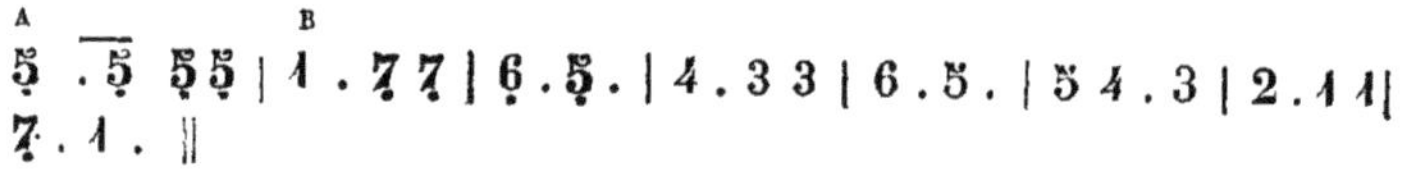

A 5 . 5 5 5 | B 1 . 7 7 | 6 . 5 . | 4 . 3 3 | 6 . 5 . | 5 4 . 3 | 2 . 1 1 |
7 . 1 . ||

N° 21. TON DE FA.

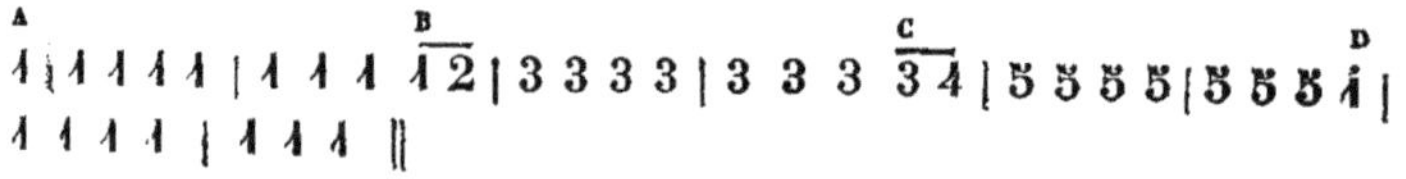

A 1 | 1 1 1 1 | 1 1 1 B 1 2 | 3 3 3 3 | 3 3 3 C 3 4 | 5 5 5 5 | 5 5 5 D 1 |
1 1 1 1 | 1 1 1 ||

N° 22. TON DE LA.

A 5 | 3 3 1 B 5 | 5 4 3 1 | 6 7 1 2 3 | 5 4 3 ||

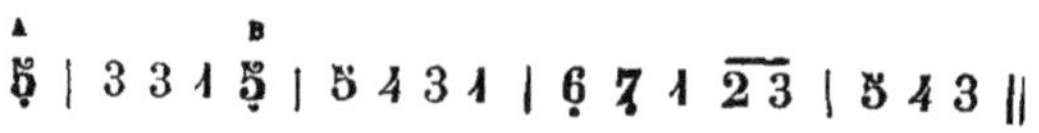

N° 23. TON DE LA.

A 5 | 3 . 2 . | 1 . 0 B 5 | 5 4 3 2 | 3 2 1 7 | 1 2 3 4 | 3 4 5 . | 5 6 4 3 2 |
1 . 0 ||

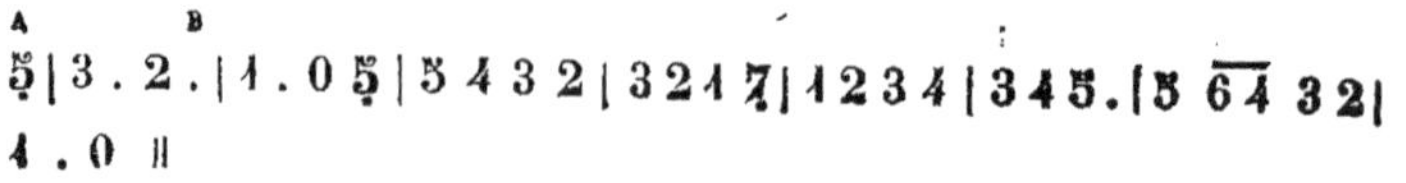

N° 24. TON DE RÉ.

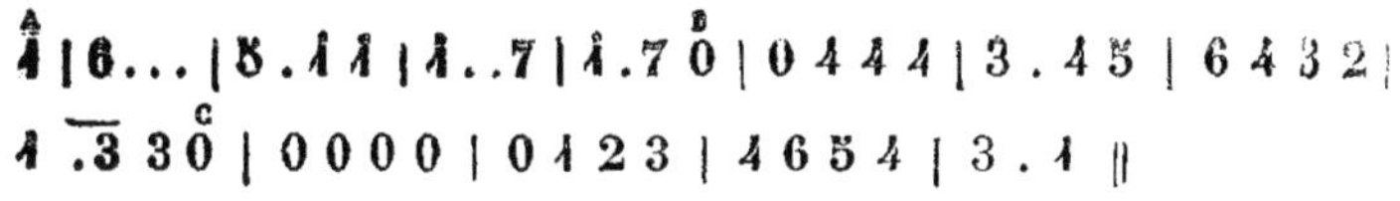

A 1 | 6 . . . | 5 . 1 1 | 1 . . 7 | 1 . 7 0 B | 0 4 4 4 | 3 . 4 5 | 6 4 3 2 |
4 . 3 3 0 C | 0 0 0 0 | 0 1 2 3 | 4 6 5 4 | 3 . 1 ||

N° 25. TON DE RÉ.

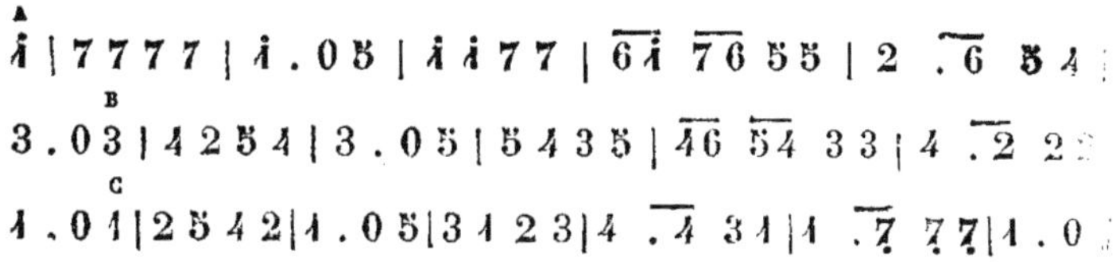

A 1 | 7 7 7 7 | 1 . 0 5 | 1 1 7 7 | 61 76 5 5 | 2 . 6 5 4 |
3 . 0 3 B | 4 2 5 4 | 3 . 0 5 | 5 4 3 5 | 46 54 3 3 | 4 . 2 2 2 |
1 . 0 1 C | 2 5 4 2 | 1 . 0 5 | 3 1 2 3 | 4 . 4 3 1 | 1 . 7 7 7 | 1 . 0 ||

N° 26. TON DE RÉ.

A 1 2 | 3 1 | B 3 4 | 5 . | C 11 77 | 15 31 | D 5 5 | 1 0 ||

N° 27. TON DE SEU.

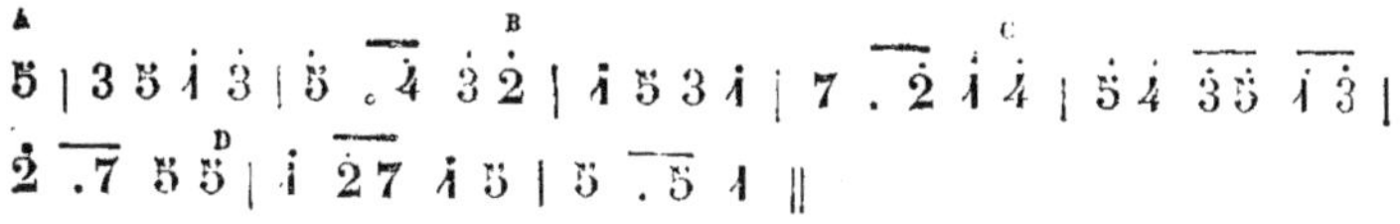

A 5 | 3 5 1 3 | 5 . 4 3 2 | B 1 5 3 1 | 7 . 2 C 1 4 | 5 4 35 13 |
2 . 7 5 5 D | 1 27 1 5 | 5 . 5 1 ||

N° 28. TON D'UT.

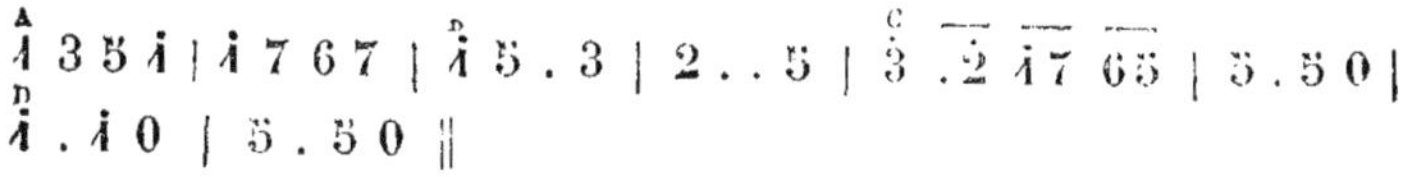

A 1 3 5 1 | 1 7 6 7 | B 1 5 . 3 | 2 . . 5 | C 3 . 2 17 65 | 5 . 5 0 |
D 1 . 1 0 | 5 . 5 0 ||

N° 29. TON DE RÉ.

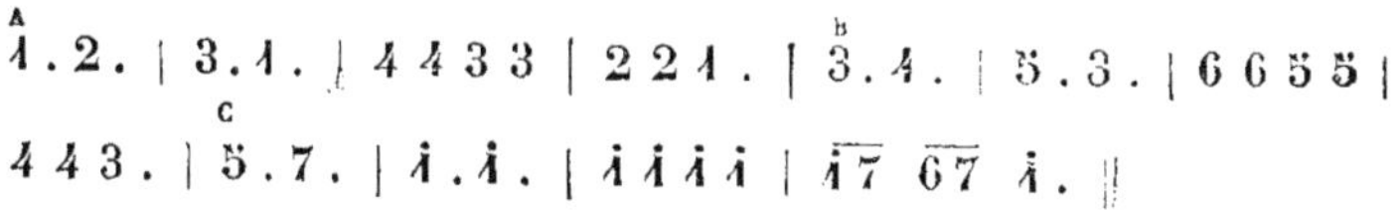

A 1 . 2 . | 3 . 1 . | 4 4 3 3 | 2 2 1 . | B 3 . 4 . | 5 . 3 . | 6 6 5 5 |
4 4 3 . | C 5 . 7 . | 1 . 1 . | 1 1 1 1 | 17 67 1 . ||

N° 30. TON DE SI.

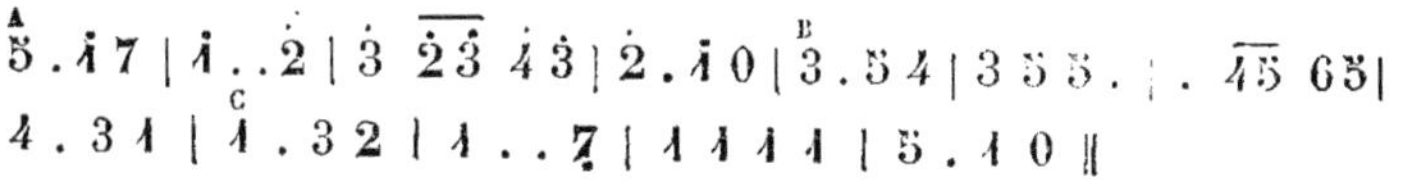

A 5 . 1 7 | 1 . . 2 | 3 23 4 3 | 2 . 1 0 | B 3 . 5 4 | 3 5 5 . | . 45 65 |
4 . 3 1 | C 1 . 3 2 | 1 . . 7 | 1 1 1 1 | 5 . 1 0 ||

N° 31. TON D'UT.

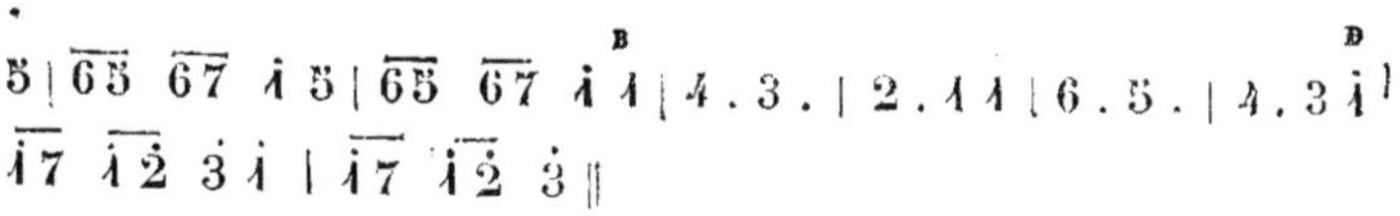

5 | 65 67 1 5 | 65 67 B 1 1 | 4 . 3 . | 2 . 1 1 | 6 . 5 . | 4 . 3 D 1 |
17 12 3 1 | 17 12 3 ||

N° 32. TON DE MI.

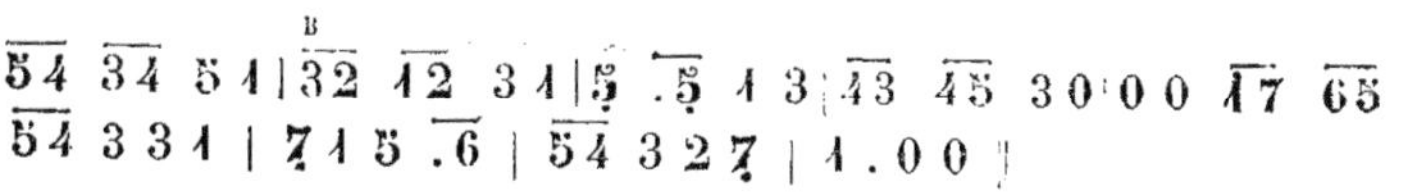

54 34 5 1 | B 32 12 3 1 | 5 . 5 1 3 | 43 45 3 0 0 0 17 65
54 3 3 1 | 7 1 5 . 6 | 54 3 2 7 | 1 . 0 0 ||

N° 33. TON DE SEU.

A 1 . 3 1 | 65 5 0 0 | 3 . 0 1 | 4 . 0 2 | 5 . 0 3 | 6 . 0 4 | 7 . 7 7 |
B 1 . 1 . | 7 2 5 7 | 1 3 5 0 | 0 6 2 . | . 7 3 . | . 1 4 6 | 2 34 5 4 |
C 3 . 0 3 | 21 76 54 32 | 1 . 0 17 | 67 65 4 2 | 7 . 0 32 |
12 17 6 2 | 5 . 0 0 ||

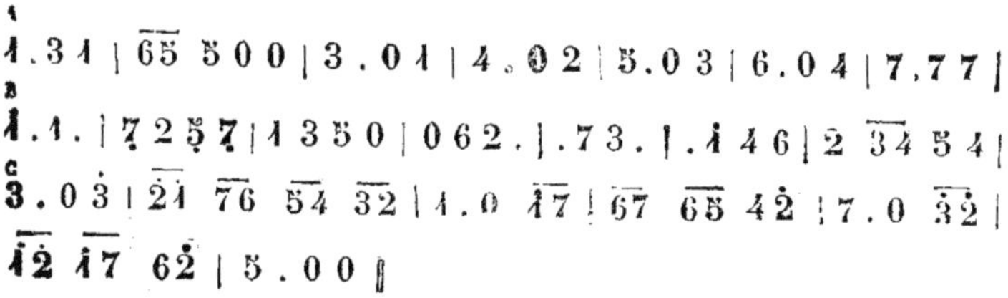

N° 34.
TON DE LA.

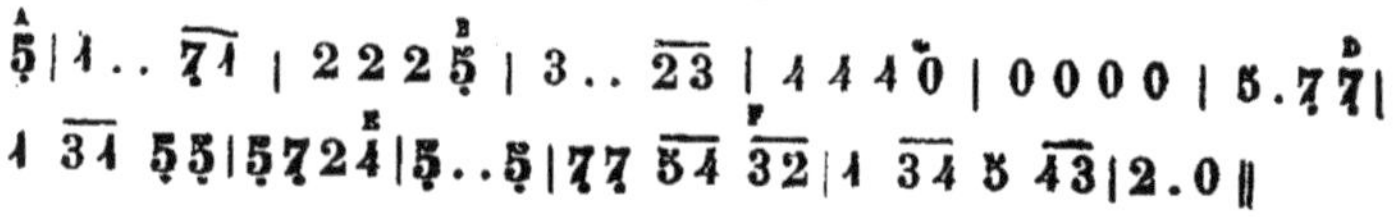

5 | 1 . . 71 | 2 2 2 5 | 3 . . 23 | 4 4 4 0 | 0 0 0 0 | 5 . 7 7 |
1 34 55 | 5 7 2 4 | 5 . . 5 | 77 54 32 | 1 34 5 43 | 2 . 0 ||

N° 35.
TON DE SOL.

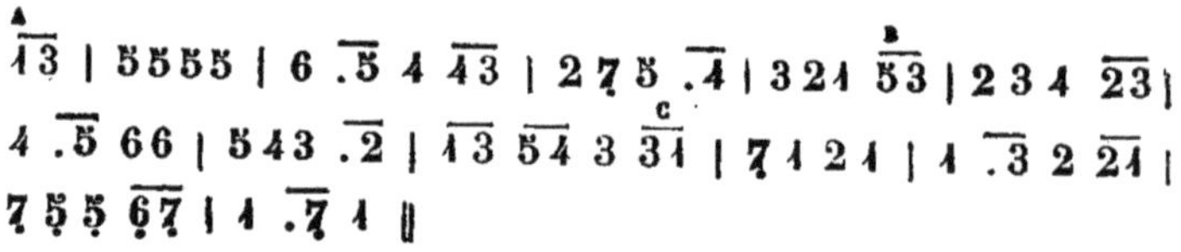

13 | 5 5 5 5 | 6 . 5 4 43 | 2 7 5 . 4 | 3 2 1 53 | 2 3 4 23 |
4 . 5 66 | 5 4 3 . 2 | 13 54 3 31 | 7 1 2 1 | 1 . 3 2 21 |
7 5 5 67 | 1 . 7 1 ||

N° 36.
TON DE REU.

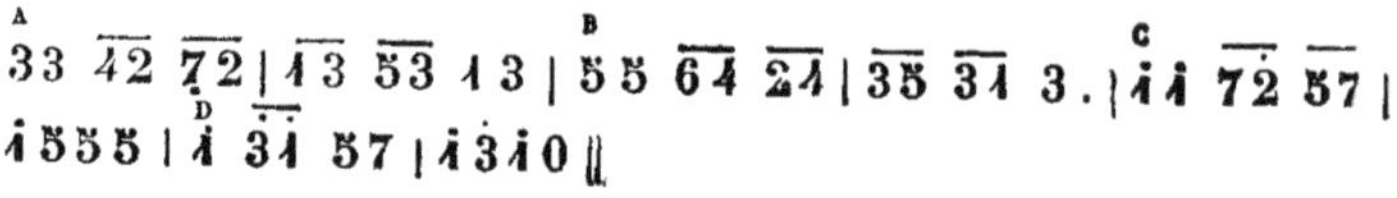

33 42 72 | 13 53 1 3 | 5 5 64 21 | 35 31 3 . | 1 1 72 57 |
1 5 5 5 | 1 31 57 | 1 3 1 0 ||

N° 37.
TON DE MI.

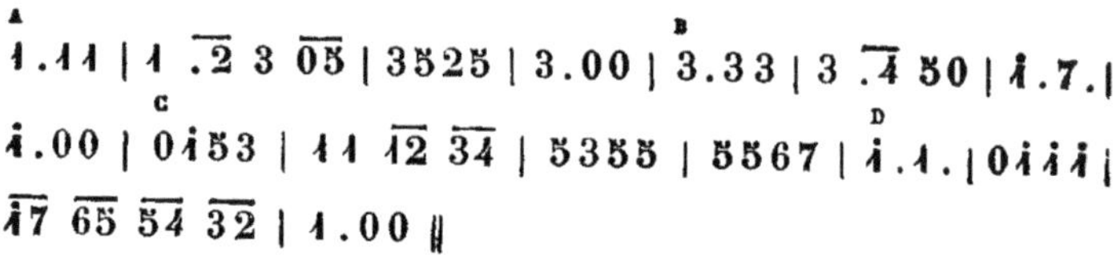

1 . 1 1 | 1 . 2 3 05 | 3 5 2 5 | 3 . 0 0 | 3 . 3 3 | 3 . 4 50 | 1 . 7 . |
1 . 0 0 | 0 1 5 3 | 1 1 12 34 | 5 3 5 5 | 5 5 6 7 | 1 . 1 . | 0 1 1 1 |
17 65 54 32 | 1 . 0 0 ||

N° 38.
TON DE RÉ.

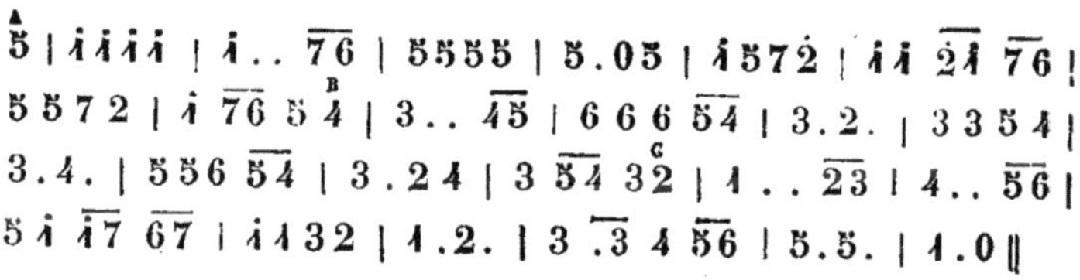

5 | 1 1 1 1 | 1 . . 76 | 5 5 5 5 | 5 . 0 5 | 1 5 7 2 | 1 1 21 76 |
5 5 7 2 | 1 76 5 4 | 3 . . 45 | 6 6 6 54 | 3 . 2 . | 3 3 5 4 |
3 . 4 . | 5 5 6 54 | 3 . 2 4 | 3 54 32 | 1 . . 23 | 4 . . 56 |
5 1 17 67 | 1 1 3 2 | 1 . 2 . | 3 . 3 4 56 | 5 . 5 . | 1 . 0 ||

N° 39.
TON DE SI.

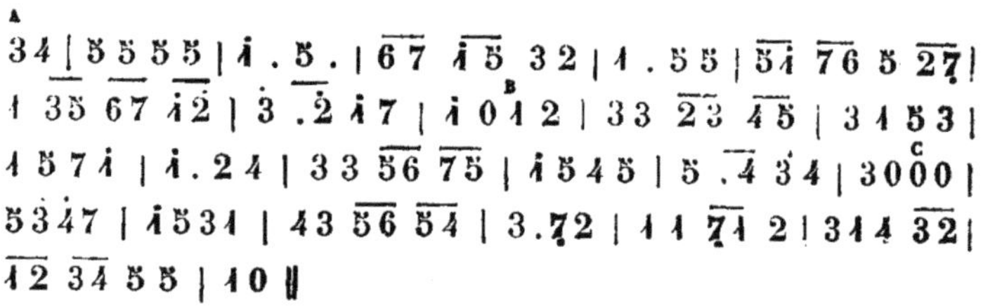

34 | 5 5 5 5 | 1 . 5 . | 67 15 32 | 1 . 5 5 | 51 76 5 27 |
1 35 67 12 | 3 . 2 1 7 | 1 0 1 2 | 33 23 45 | 3 1 5 3 |
1 5 7 1 | 1 . 2 4 | 3 3 56 75 | 1 5 4 5 | 5 . 4 3 4 | 3 0 0 0 |
5 3 4 7 | 1 5 3 1 | 43 56 54 | 3 . 7 2 | 1 1 71 2 | 3 1 4 32 |
12 34 5 5 | 1 0 ||

N° 40.
TON DE SEU.

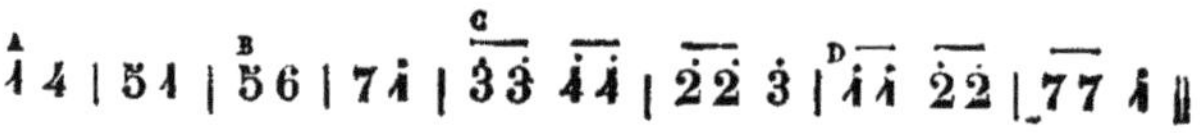

1 4 | 5 1 | 5 6 | 7 1 | 33 44 | 22 3 | 11 22 | 77 1 ||

N° 41.
TON DE LEU.

01 | 3 5 1 02 | 7 5 11 03 | 2 03 2 06 | 5 4 3 06 | 5 4 3 01 |
5 3 1 04 | 2 4 33 01 | 7 01 7 01 | 1 7 1 01 | 1 7 1 01 |
1 1 3 05 | 42 11 0 | 05 5 05 54 | 3 5 1 04 | 3 5 1 ||

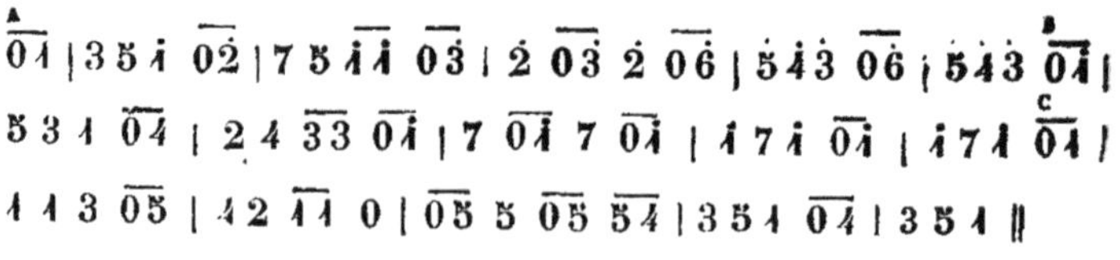

N° 42. TON DE JEU.

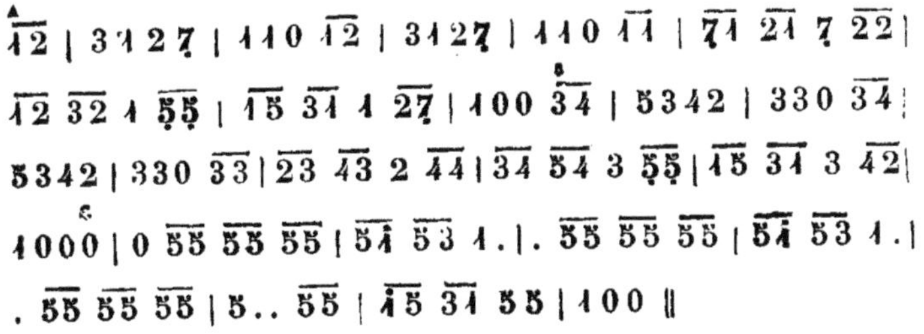

12 | 3127 | 110 12 | 3127 | 110 11 | 71 21 7 22 |
12 32 1 55 | 15 31 1 27 | 100 34 | 5342 | 330 34 |
5342 | 330 33 | 23 43 2 44 | 34 54 3 55 | 15 31 3 42 |
1000 | 0 55 55 55 | 51 53 1. | . 55 55 55 | 51 53 1. |
. 55 55 55 | 5.. 55 | 15 31 55 | 100 ||

N° 43. TON DE LA.

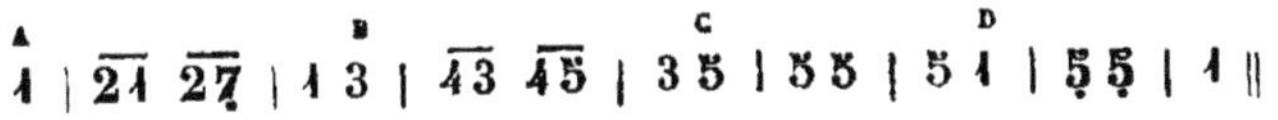

1 | 21 27 | 13 | 43 45 | 35 | 55 | 51 | 55 | 1 ||

N° 44. TON DE MI.

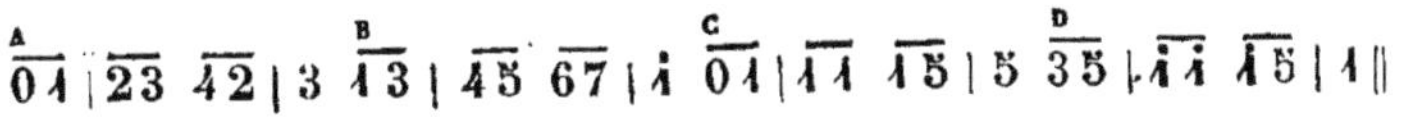

01 | 23 42 | 3 13 | 45 67 | 1 01 | 11 15 | 5 35 | 11 15 | 1 ||

N° 45. TON DE SOL.

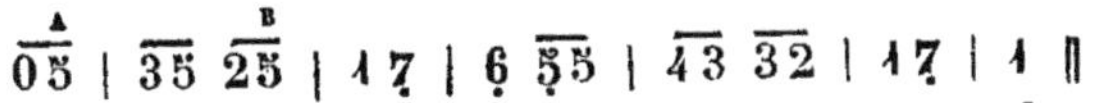

05 | 35 25 | 17 | 6 55 | 43 32 | 17 | 1 ||

N° 46. TON D'UT.

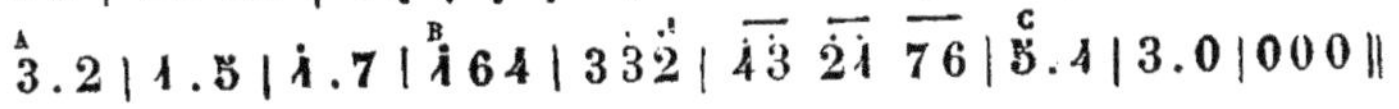

3.2 | 1.5 | 1.7 | 164 | 332 | 43 21 76 | 5.4 | 3.0 | 000 ||

N° 47. TON DE SI.

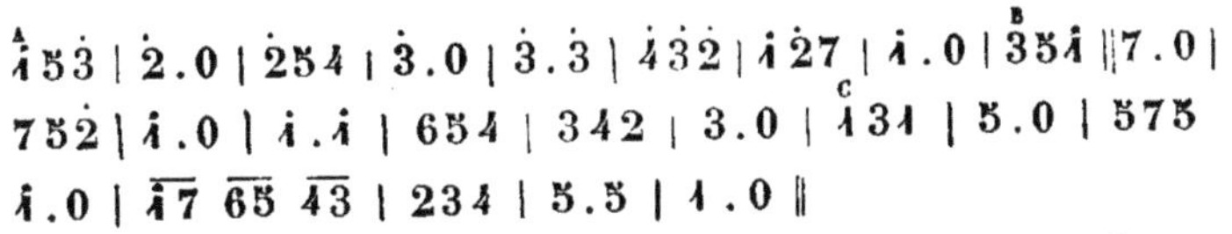

153 | 2.0 | 254 | 3.0 | 3.3 | 432 | 127 | 1.0 | 351 || 7.0 |
752 | 1.0 | 1.1 | 654 | 342 | 3.0 | 131 | 5.0 | 575
1.0 | 17 65 43 | 234 | 5.5 | 1.0 ||

N° 48. TON DE LA.

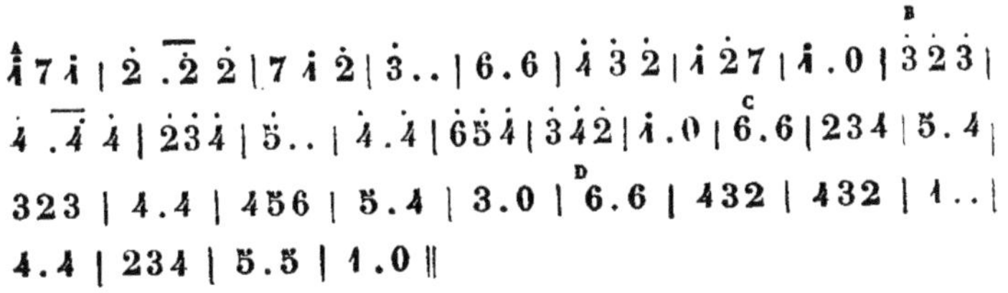

171 | 2 .2 2 | 712 | 3.. | 6.6 | 432 | 127 | 1.0 | 323 |
4 .4 4 | 234 | 5.. | 4.4 | 654 | 342 | 1.0 | 6.6 | 234 | 5.4 |
323 | 4.4 | 456 | 5.4 | 3.0 | 6.6 | 432 | 432 | 1.. |
4.4 | 234 | 5.5 | 1.0 ||

N° 49. TON DE SEU.

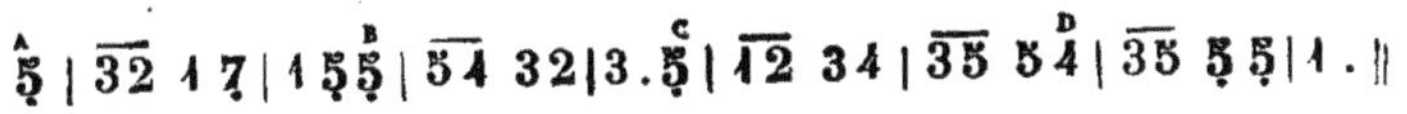

5 | 32 17 | 155 | 54 32 | 3.5 | 12 34 | 35 54 | 35 55 | 1. ||

N° 50. TON D'UT.

554 | 345 | 616 | 505 | 3.2 | 176 | 5.4 | 35 67 12
3 .2 17 | 644 | 4.2 | 317 | 654 | 3.2 | 101 | 123
46 11 | 7.7 | 101 | 1.7 | 100 ||

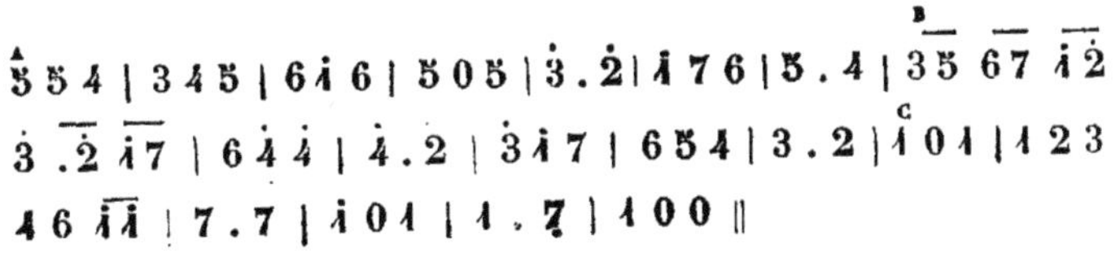

N° 51. TON DE SEU.

1111 | 5505 | 444 44 | 3305 | 444 44 | 3.3. | 0000
5555 | 2202 | 1.3. | 2 .2 2. | 1.1. | 0000 | 0000
6677 | 1.11 | 117 77 | 1.1. ||

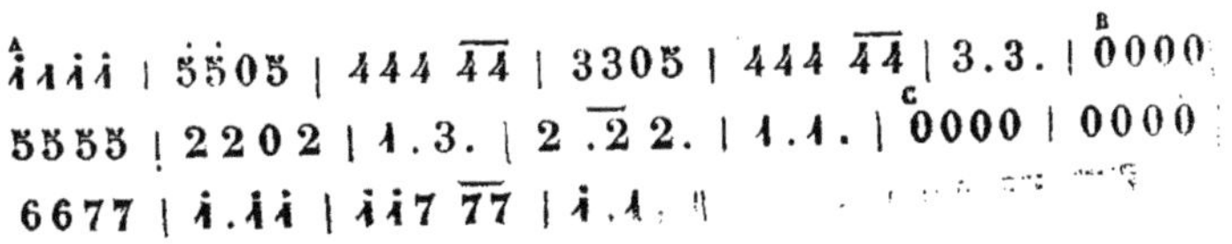

N° 52, TON DE FA.

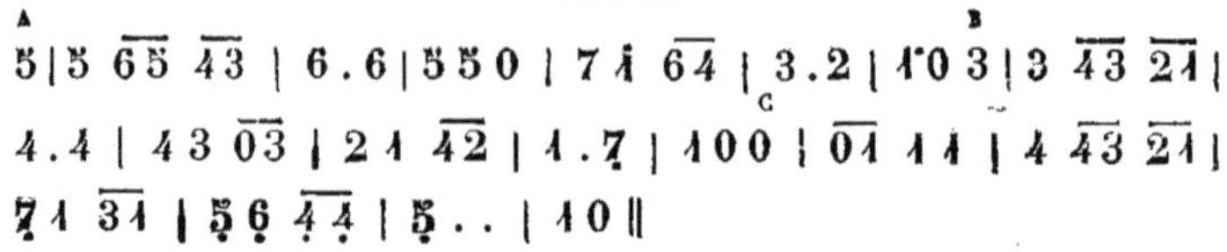

A 5 | 5 65 43 | 6 . 6 | 5 5 0 | 7 1 64 | 3 . 2 | 1 0 3 | 3 43 21 |
4 . 4 | 4 3 03 | 2 1 42 | 1 . 7 | 1 0 0 | 01 1 1 | 4 43 21 |
7 1 31 | 5 6 44 | 5 . . | 1 0 ||

N° 53. TON DE MI.

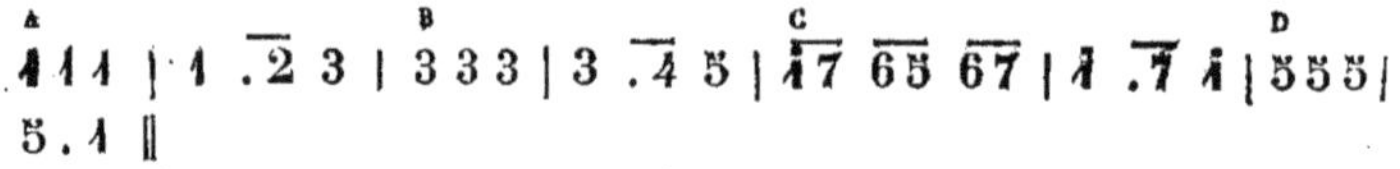

A 1 1 1 | 1 . 2 3 | B 3 3 3 | 3 . 4 5 | C 17 65 67 | 1 . 7 1 | D 5 5 5 |
5 . 1 ||

N° 54. TON DE SOL.

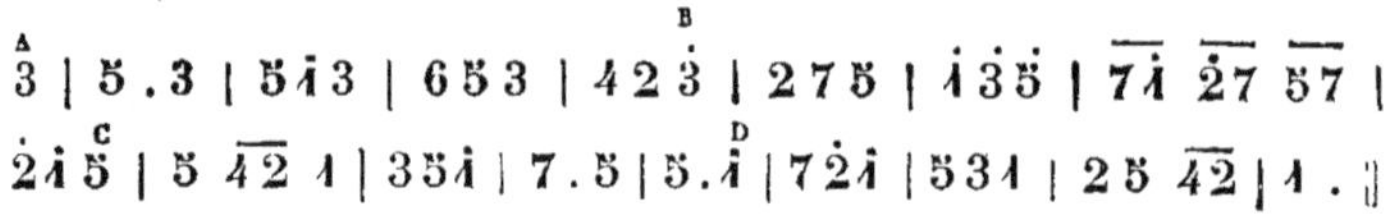

A 3 | 5 . 3 | 5 1 3 | 6 5 3 | 4 2 3 | B 2 7 5 | 1 3 5 | 71 27 57 |
2 1 5 | C 5 42 1 | 3 5 1 | 7 . 5 | 5 . 1 | D 7 2 1 | 5 3 1 | 2 5 42 | 1 . ||

N° 55. TON DE SOL.

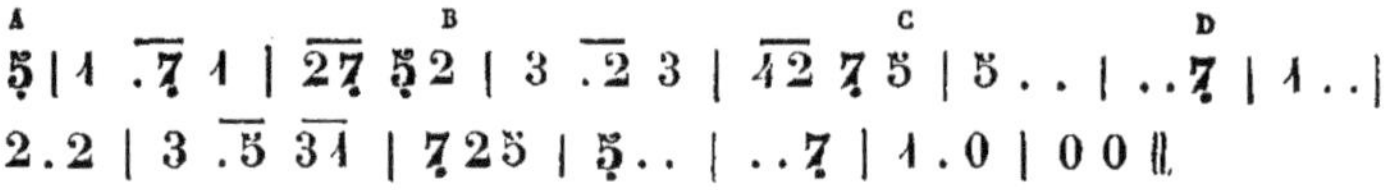

A 5 | 1 . 7 1 | 27 52 | B 3 . 2 3 | 42 7 5 | C 5 . . | . . 7 | D 1 . . |
2 . 2 | 3 . 5 31 | 7 2 5 | 5 . . | . . 7 | 1 . 0 | 0 0 ||

N° 56. TON D'UT.

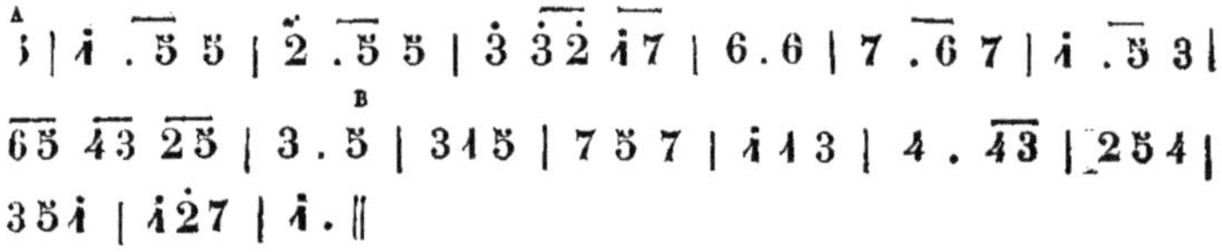

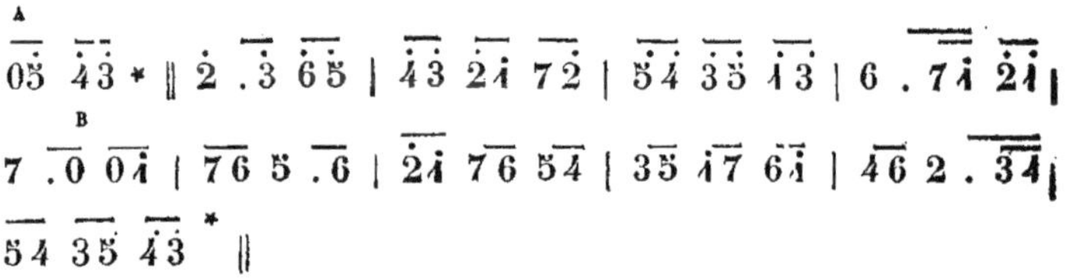

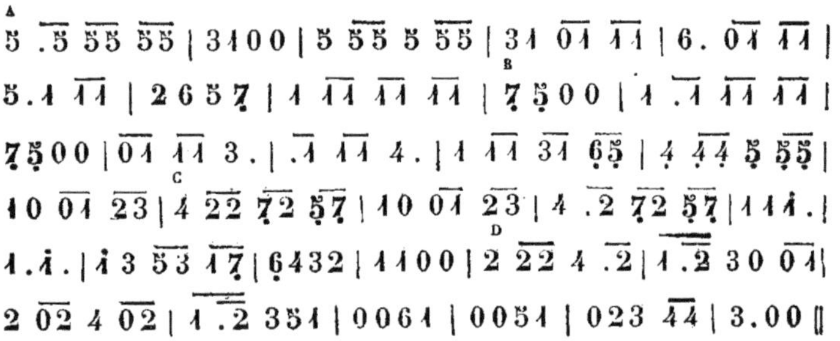

A 5 | 1 . 5 5 | 2 . 5 5 | 3 32 17 | 6 . 6 | 7 . 6 7 | 1 . 5 3 |
65 43 25 | B 3 . 5 | 3 1 5 | 7 5 7 | 1 1 3 | 4 . 43 | 2 5 4 |
3 5 1 | 1 2 7 | 1 . ||

A 05 43 * || 2 . 3 65 | 43 21 72 | 54 35 13 | 6 . 71 21 |
B 7 . 0 01 | 76 5 . 6 | 21 76 54 | 35 17 61 | 46 2 . 34 |
54 35 43 * ||

A 5 . 5 55 55 | 3 1 0 0 | 5 55 5 55 | 31 01 11 | 6 . 01 11 |
5 . 1 11 | 2 6 5 7 | 1 11 11 11 | B 7 5 0 0 | 1 . 1 11 11 |
7 5 0 0 | 01 11 3 . | . 1 11 4 . | 1 11 31 65 | 4 44 5 55 |
1 0 01 23 | C 4 22 72 57 | 1 0 01 23 | 4 . 2 72 57 | 1 1 1 . |
1 . 1 . | 1 3 53 17 | 6 4 3 2 | 1 1 0 0 | D 2 22 4 . 2 | 1 . 2 3 0 01 |
2 02 4 02 | 1 . 2 3 5 1 | 0 0 6 1 | 0 0 5 1 | 0 2 3 44 | 3 . 0 0 ||

N° 59. TON DE FA.

A 11 1 71 | 22 21 | B 33 3 23 | 44 43 | C 5 5 | 5 . | 5 5 | 5 . ||

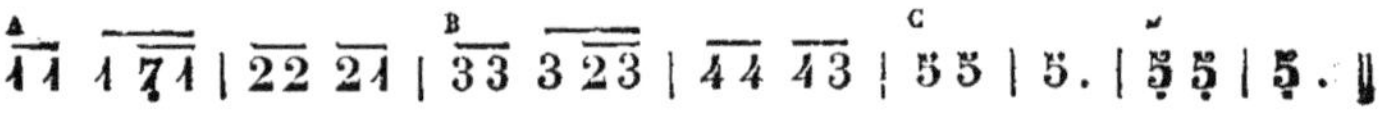

N° 60. TON DE FA.

A 15 55 | 56 54 3 | B 53 24 | 32 1 | C 31 72 | 17 1 | D 15 57 |
17 1 ||

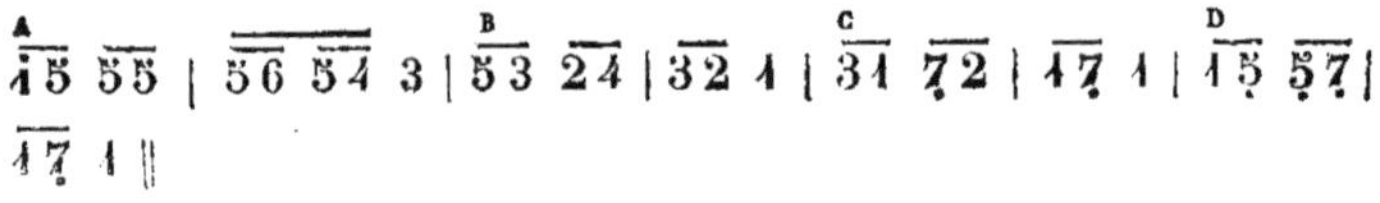

Nº 61. TON D'UT.

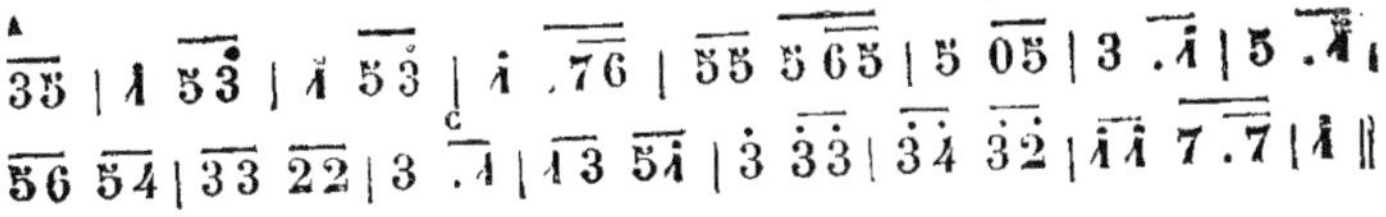

A 35 | 1 53 | 1 53 | 1 .76 | 55 565 | 5 B 05 | 3 .1 | 5 .1 |
56 54 | 33 22 | 3 C .1 | 13 51 | 3 33 | 34 32 | 11 7.7 | 1 ||

Nº 62. TON DE SEU.

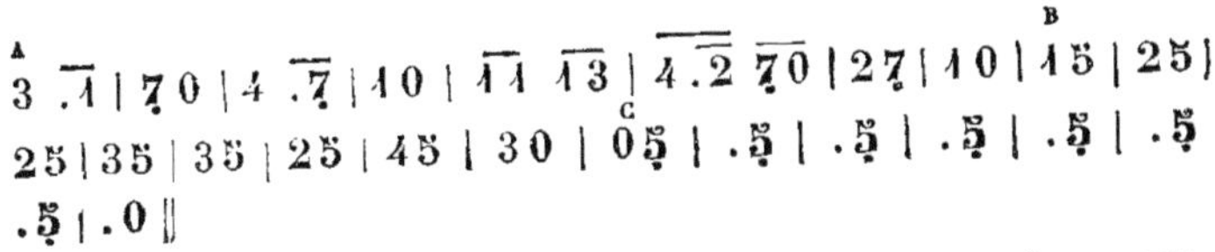

A 3 .1 | 70 | 4 .7 | 10 | 11 13 | 4.2 70 | 27 | 10 | B 15 | 25 |
25 | 35 | 35 | 25 | 45 | 30 | C 05 | .5 | .5 | .5 | .5 | .5
.5 | .0 ||

Nº 63. TON DE SEU.

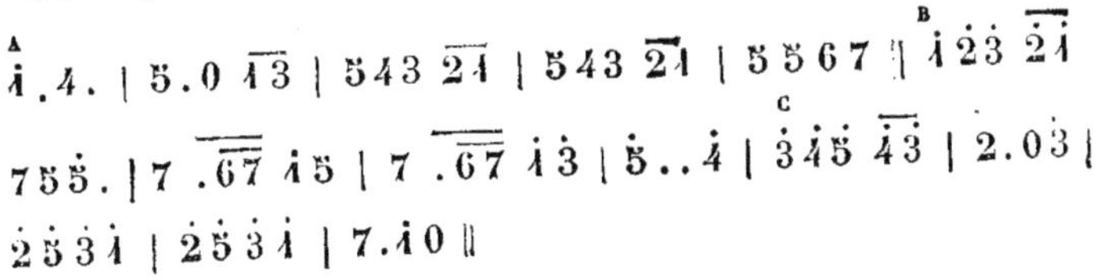

A 1 .4. | 5.0 13 | 543 21 | 543 21 | 5567 | B 123 21
755. | 7 .67 15 | 7 .67 13 | 5..4 | C 345 43 | 2.03 |
2531 | 2531 | 7.10 ||

Nº 64. TON DE LA.

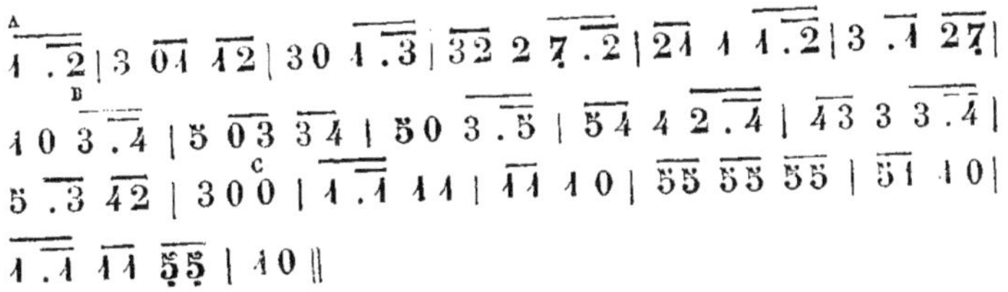

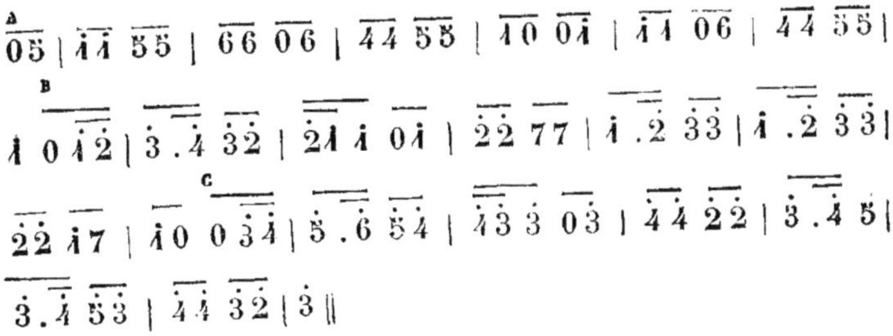

A 1 .2 | 3 01 12 | 30 1.3 | 32 2 7.2 | 21 1 1.2 | 3 .1 27 |
10 B 3 .4 | 5 03 34 | 50 3 .5 | 54 4 2 .4 | 43 3 3 .4 |
5 .3 42 | 3 C 00 | 1 .1 11 | 11 10 | 55 55 55 | 51 10 |
1 .1 11 55 | 10 ||

A 05 | 11 55 | 66 06 | 44 55 | 10 01 | 11 06 | 44 55 |
B 1 0 12 | 3 .4 32 | 21 1 01 | 22 77 | 1 .2 33 | 1 .2 33 |
22 17 | 10 C 0 34 | 5 .6 54 | 43 3 03 | 44 22 | 3 .4 5 |
3 .4 53 | 44 32 | 3 ||

66. DE SEU.

A 05 67 | 10 05 67 | 100 13 | 2 13 21 | 17 056 771 |
221 776 556 771 | 221 776 55 67 | 1 45. | B 1.00 |
05 72 10 | 05 72 1 35 | 4 35 43 | 32 071 223 |
443 221 771 223 | 443 221 77 12 | 33 23 42 17 |
C 1.00 | 03 24 30 | 03 24 30 | 5 55 55 | 5500
5 55 55 55 | 5..5 44 | 35 43 ...

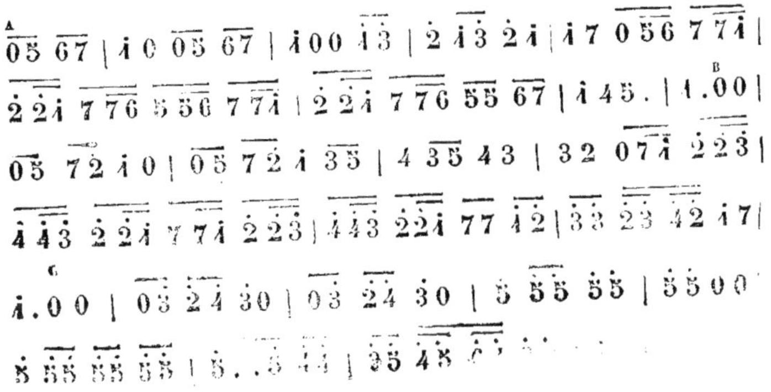

67. DE JEU.

A 05 67* ‖ 12 32 34 | 5 .4 36 | 42 75 52 | 4 B 35 42 |
34 76 542 12 | 3 .2 11 | 5 .7 7.7 | 2 C 10 0 | 0 05 55 |
1 .1 1.1 | 7 .2 2.5 | 57 15 67* ‖

N° 68. TON DE SOL.

A 01 32 | 4 .3 22 43 | 5 .4 B 30 0 | 5 55 55 | C 3 0 0
2 .3 45 654 | 3 D 034 55 | 7 .7 77 | 1 ‖

N° 69. TON DE LA.

A 5 05 | 1 01 6 .6 | 2 23 B 434 54 | 34 32 10 43 21 |
75 55 C 5 .4 27 | 1 .23 44 0 | 0 D 43 22 22 | 1 01 14 44 |
50 ‖

N° 70 TON DE LA.

A 05 12 | 3 01 43 | 2 02 54 | 3 . 21 | 24 B 32 17 |
12 3 01 | 42 75 67 | 12 3 0 | 05 C 54 32 | 17 1 05 |
5 .5 5 .5 5 | 0 01 23 | 47 D 02 34 | 35 43 21 | 7 04 32 ‖
100 | 0 ‖

N° 71. TON DE FA.

A 001 | 3 212 | 1 B 5 .3 | 5 434 | 3 C 005 | 1 767 | 1 D 1 .3 |
5 5 .5 | 1 ‖

N° 72. TON DE SOL.

A 1 . 1 2 . 2 | 4 3 2 1 . 5 | B 3 2 3 4 . 1 | 2 1 2 3 | C 5 . 5 5 . 3 |
5 . 5 5 . 1 | D 5 . 5 5 . 5 | 5 6 7 1 ‖

N° 73. TON DE FA.

A 5 .5 434 | 3 2.0 | B 333 212 | 1 5.0 | C 131 555 | 5 7.0 |
D 1 35 1 767 | 1 0 ‖

N° 74. TON DE RÉC.

A 532 171 | 2.7 1.5 | B 5.4 523 | 425 4.3 | C 1.5 5.5 |
5.5 5.1 | D 3.7 1.1 | 7.2 1.0 ‖

Paris. — Typ. de L. TINTERLIN et Cie, rue Neuve-des-Bons-Enfants, 3

www.ingramcontent.com/pod-product-compliance
Ingram Content Group UK Ltd.
Pitfield, Milton Keynes, MK11 3LW, UK
UKHW020931180726
13838UKWH00002B/875